メジャーリーグは 知れば知るほど 面白い

人気野球YouTuberが教えるMLB観戦ガイド

【監修】
116 Wins

マイナビ

はじめに

メジャーリーグについて解説するYouTubeチャンネルを運営しております「116 Wins」と申します。チャンネル名はアカウント名と同じです。仕事の傍ら2019年から解説動画をアップし、4年以上続けて参りました。2024年2月15日時点で動画は632本となり、おかげさまで合計4000万回近い視聴数をいただくことができました。

昨春、マイナビ出版様からメジャーリーグの解説本の出版についてお声がけをいただきました。最初は驚きましたし、自分でいいのかと悩みましたが、またとない機会だと思い、お受けすることにいたしました。

私がメジャーリーグに魅せられた時期は小学生の頃です。松井秀喜選手が読売ジャイアンツからヤンキースへ移籍した初年の2003年、私も家族でアメリカへ移住しました。日本のプロ野球も少し見ておりましたが、本格的に野球へのめりこんだきっかけはアメリカ移住後、メジャーリーグを観戦したことでした。

魅力は何と言っても、スケールの大きさです。パワーとスピードにあふれるプレーはもちろん、個性豊かな選手たち、球場の演出、ＭＬＢならではの巨額な大型契約、活発なストーブリーグ――すべてがハンパないのです。知れば知るほど夢中になっていきました。

５年間のアメリカ生活を経て２００８年に帰国して以降も、メジャーリーグ熱は増す一方でした。大学時代はサンフランシスコ旅行で観戦したり、卒業旅行はアリゾナ州のスプリング・トレーニングを見に行ったり。社会人になってからは新型コロナウイルス感染拡大の影響もあり、しばらく海外旅行へ行くことはできませんでしたが、昨夏は久しぶりにヤンキー・スタジアムで観戦しました。

スタジアムで観戦すると、打球音や投手の唸り声もスタンドに届きます。プレー一つ一つの「音」が聞こえてくるのです。観客はリラックスしながら観戦しているかと思えば、盛り上がるべき場面では熱狂の渦が巻き起こる。観客席にいると、体全体がメジャーリーグのエネルギーに包まれます。

この書籍では、メジャーリーグを楽しむためのポイントをまとめ、解説させていただきました。最近見始めた方、これから本格的に見る方々への道案内となれば幸いです。

１１６Ｗｉｎｓ

目次

第四章 メジャーリーグの見方

写真：アフロ、AP/アフロ、USA TODAY Sports/ロイター/アフロ

第一章

大谷翔平 ドジャース移籍

衝撃のド軍移籍

世界が驚愕 プロスポーツ選手史上最高額の7億ドル

ＭＬＢに興味のある方も興味のない方も、みなさんご存じの大谷翔平選手。ＭＬＢにおけるこのオフの話題は、何といっても**大谷選手のロサンゼルス・ドジャース移籍**でした。移籍の第一報は大谷選手の公式インスタグラム。かねてより移籍先の最有力候補として挙がっていたドジャースへの移籍を決めたと、ご本人から発表がありました。

大谷選手にとって、すべての環境が整っていたのでしょう。チーム自体も若手の育成に定評がありますし、資金が潤沢なので補強にも動きやすい。「勝ちたい」という希望に最も条件がそろっていたわけで、**王道のチョイス**だったと感じました。

2017年オフ、大谷選手が北海道日本ハムファイターズからメジャーへ移籍するとき、ドジャースが所属するナショナル・リーグには当時DH制がなかったため、ナ・リーグのチームは大谷選手獲得には不利ではありました。おそらく、それも踏まえてDH制を採用しているアメリカン・リーグのロサンゼルス・エンゼルスを選択したのだと思います。

そこで6年間経験を積んで、スター選手に成長した。そして、直接MLBへの挑戦を表明していた岩手・花巻東高校時代の2012年秋に目標としていたドジャース入りをかなえたわけです。大谷選手は自分が掲げた目標をずっと実現させている選手ですが、まさにまた一つ目標をかなえたといえるでしょう。

移籍先について、みなさんもいろいろ予想したと思います。私としては、やはりドジャースが有力だと思っていました。大谷選手のために数年前からお金もロースター（MLB出場登録）の枠も準備してきましたし、2018年から6年間プレーしてきたエンゼルスと同じ西海岸、本拠地もロサンゼルス近郊という地理面でも一歩リードしていました。

ドジャースに次いで、サンフランシスコ・ジャイアンツも候補だと考えていました。ジャイアンツは2022年オフ、シーズン62本塁打のア・リーグ記録を樹立したばかりのアーロン・ジャッジ（ニューヨーク・ヤンキース）、前年に内野手として年平均がMLB史上最高額となる大型契約をミネソタ・ツインズと交わしていた遊撃手カルロス・コレア（ツインズ）獲得を目指しましたが、いずれも不発に終わりました。2021年に、過去ワールドシリーズ3度制覇の立役者となった捕手バスター・ポージーが引退して以来、ジャイアンツは柱となる打者をずっと求めている状態だったのです。お金も非常にある球団なので、ドジャースにも十分負けない環境は用意できるのかなとにらんでいました。

大穴というか、個人的には私が長年応援しているシアトル・マリナーズ入りも期待していました（笑）。2017年オフに大谷選手がメジャー入りの球団を模索している時期、最終候補に入っていたのです。編成トップのジェリー・ディポート氏は自分が気に入った選手をとことん追いかけるタイプで、当時も大谷選手獲得に奔走。2022年オフには過去にFAで取り逃がした選手を2年越しに獲得するということもやってのけました。今回もドジャースやジャイアンツほど、潤沢な資金がある球団ではないけれど、ほかの選手の年俸をかなり抑えていたのである程度は用意できるはずでした。

そして、シアトルで行われた昨年オールスターでは、地元ファンが「Come to Seattle

（シアトルに来て）」と大合唱。大谷選手を熱心に〝リクルート〟していました。昨年まで3季連続でプレーオフ進出を争い、若手選手が充実するマリナーズに大谷選手が加われば、一気にワールドチャンピオンのコンテンダー（有力候補）になれる――マリナーズファンとしてはそう願っていましたが、やはりドジャース移籍でしたね（笑）。

移籍先決定に際し、驚いた点が2つありました。まずは契約規模です。大谷選手の契約総額はMLB史上最高額になるだろうと予想されていました。それが、想像のはるか上をいく10年総額7億ドル（約1015億円）。私も朝の報道を見て衝撃を受けました。

これまでMLBでは、シーズンMVP過去3度受賞の〝現役最高選手〟マイク・トラウト（エンゼルス）の総額4億2650万ドル（約618億円）が最高額でしたが、大谷選手はトラウトを超える5億、6億の大台を一気に飛び越えていきました。これは全世界におけるプロスポーツ選手の契約総額としても史上最高額。「7億ドル」という数字自体はさまざまな報道で目にしましたが、もはや天文学的な数字で「それって、いったい幾らですか」と一瞬わからなくなってしまうくらいです。

彼と今回契約を結んだドジャースは、数年前からペイロール（チームの選手総年棒）の枠のなかで、大谷選手の年俸を確保する準備をしっかり進めてきました。

2022年オフには、前年首位打者&盗塁王のトレイ・ターナー（フィラデルフィア・フィリーズ）やベテラン強打者ジャスティン・ターナー（現トロント・ブルージェイズ）、2019年MVPのコディ・ベリンジャー（シカゴ・カブスFA）ら主力が相次いで流出しました。しかし、穴埋めとして獲得してきたフリーエージェントの――いわゆるFAで、NPB（日本野球機構）は要件を満たした選手が宣言することによって権利行使できますが、MLBでは要件を満たせば自動的にFAとなる――選手たちとは1年契約をかわしていました。

ドジャースはMLBでもトップクラスに資金力が豊富で、スター選手の獲得にも積極的。その華やかなドジャースがFA選手獲得に1年契約なんて、珍しく静かなストーブリーグでした。その理由は、このオフに大谷選手の獲得資金を準備するためだったのです。

プロスポーツ界の大型契約ランキング

順位	選手	競技（所属）	日本円	契約内容
①	大谷翔平	野球 （MLB/ドジャース）	1015億円	10年 7億ドル
②	リオネル・メッシ	サッカー （バルセロナ）	871億円	4年 5億5500万ユーロ
③	パトリック・ マホームズ	アメフト （NFL/チーフス）	653億円	10年 4億5000万ドル
④	マイク・トラウト	野球 （MLB /エンゼルス）	618億円	12年 4億2650万ドル
⑤	ジェイレン・ブラウン	バスケ （NBA/セルティックス）	441億円	5年 3億400万ドル
⑥	アレックス・ オベチキン	アイスホッケー （NHL/キャピタルズ）	180億円	13年 1億2400万ドル

※順位は大谷の契約当時。日本円は 1 ドル 145 円、1 ユーロ 157 円で換算

MLB 大型契約の歴代トップ 5

順位	選手	球団	位置	日本円	契約内容
①	大谷翔平	ドジャース	投手/DH	約1015億円	10年 7億ドル
②	マイク・トラウト	エンゼルス	外野手	約618億円	12年 4億2650万ドル
③	ムーキー・ベッツ	ドジャース	内/外	約529億円	12年 3億6500万ドル
④	アーロン・ジャッジ	ヤンキース	外野手	約522億円	9年 3億6000万ドル
⑤	マニー・マチャド	パドレス	内野手	約508億円	11年 3億5000万ドル

※順位は大谷の契約当時。日本円は 1 ドル 145 円換算

それにしても、7億ドルはもう何というか……ドジャースにしか出せない金額だと改めて思います。年平均で7000万ドル（約102億円）。大谷選手1人で、スター選手2～3人と契約できそうな金額です。いくら資金力が豊富なドジャースでも、そんな年俸の負担は大丈夫なのかと心配する向きもあるかもしれません。

そのへんはバッチリ対策がなされているそうです。MLBには、球団間の戦力を均衡させるために、チームの選手総年俸の規定額が存在します。その規定額を上回ると、通称「ぜいたく税」を課される。しかも、オーバーした年数に応じて、ぜいたく税の比率が上がっていきます。また、超過した金額が一定額よりも多ければ、その割合はさらに高くなります。戦力のバランスを取って、より試合を面白くしていこうというMLB側の意図が感じられます。

選手が複数年の大型契約を結んだ場合は通常、契約総額を年平均にならし、その1年あたりの金額をペイロールに算入して計算されます。大谷選手の今回の契約では7000万ドルのはずですが、大谷選手は自ら契約総額の約97％を後払いにするという仰天の提案をしたそうです。97％ですよ。もう理解不能というか、普通のスポーツ選手であれば絶対にやらないことをやってきました。

これにより2024～2033年の契約期間中は、実質的な年俸が各年200万ドル（約3億円）。大谷選手は、残り約97％にあたる6億8000万ドル（約986億円）を契約終了後の2034～2043年の10年間にわたって受け取ることになります。

これはアメリカの常識からかけ離れた行動だったことで、さまざまな推測が現地で報道されました。カリフォルニア州の高い税率を回避したいのでは、なんて見方も出ていましたが、アメリカの常識に大谷選手を無理矢理当てはめようとするから、おかしな解釈が出てきたのではないかとみています。本当に「勝ちたい」という気持ちが強く、自分が加入してもなお、チームが勝てるようにするために知恵を絞って、自分の年俸を下げにきたわけです。そんな選手、果たして今までいたでしょうか。

では、後払いにしたことでどんなメリットがあるかといえば、「浮いた金額」でほかの選手を獲得できる。つまり、補強費に回すことができるのです。この方法はぜいたく税回避の〝抜け穴〟だという指摘もありますが、今後規制したとしても、チームのためにここまで振りきる選手は大谷選手ぐらいだと思うので、規制する意味はないでしょう。

これで、近年ＭＬＢ最強クラスのチームとして君臨してきたドジャースに、大谷選手という強力すぎる援軍が加わった。２０２４年は、右肘の手術明けで投手としては全休予定ですが、打者としてはしっかり活躍してくれるはずです。

上位打線の「ムーキー・ベッツ、大谷、フレディ・フリーマン」の並びはもうドリームチームが過ぎますね。昨年まで6年間プレーしたエンゼルスは２０１４年以来プレーオフに進出しておらず、投打ともに大谷選手に負担がかかっていたと思いますが、ドジャースは11年連続でプレーオフに進出している強豪チーム。そこで大谷選手はどんな輝きを見せてくれるでしょうか。

大谷選手がまだ一度もたどり着けていないプレーオフ、ひいてはワールドシリーズ。これまでワールドシリーズでメンバー入りした日本人選手は過去14選手。２００９年松井秀喜選手（ヤンキース）は日本人初のワールドシリーズＭＶＰに輝きました。大谷選手がワールドシリーズでも大活躍して、松井選手以来のＭＶＰを獲得する――なんて最高ですね。

日本人選手のワールドシリーズ出場成績

年	選手	当時所属	位置	相手	出場
98	伊良部秀樹	ヤンキース	投	パドレス	登板なし
02	新庄剛志	ジャイアンツ	外	エンゼルス	3試合
03	松井秀喜	ヤンキース	外	マーリンズ	6試合
04	田口壮	カージナルス	外	Rソックス	2試合
05	井口資仁	ホワイトソックス	内	アストロズ	4試合
06	田口壮	カージナルス	外	タイガース	4試合
07	松坂大輔	レッドソックス	投	ロッキーズ	1試合
	岡島秀樹	レッドソックス	投	〃	3試合
	松井稼頭央	ロッキーズ	内	Rソックス	4試合
08	田口壮	フィリーズ	外	レイズ	出場なし
	岩村明憲	レイズ	内	フィリーズ	5試合
09	松井秀喜	ヤンキース	外	フィリーズ	6試合
13	田沢純一	レッドソックス	投	カージナルス	5試合
	上原浩治	レッドソックス	投	〃	5試合
14	青木宣親	ロイヤルズ	外	ジャイアンツ	6試合
17	ダルビッシュ有	ドジャース	投	アストロズ	2試合
	前田健太	ドジャース	投	〃	4試合
18	前田健太	ドジャース	投	Rソックス	3試合
20	筒香嘉智	レイズ	外	ドジャース	3試合

※青太字は世界一。09 年松井は MVP

移籍の
裏側

世界中のファンが1分1秒を追った移籍までの〝大谷狂騒曲〟

大物選手の動向が注目されるMLBのFA市場。その歴史上においても、大谷選手は最高の選手と言っても差し支えない存在でした。大谷選手サイドが交渉などをオープンにしてほしくない意向を持っているとされていましたので、実際にどこのチームと契約しそうだ、などの情報は、**大谷選手自身の公式インスタグラムで12月9日（日本時間10日）にドジャース入りを発表**するまで不透明な部分がかなり多い状況でした。

12月上旬には、最終候補となるファイナリストの球団は絞ったといわれていました。さまざまな情報が飛び交いましたよね。ブルージェイズについては、フロリダ州にあるトレーニング施設を訪れたとか、それこそ大谷選手が本拠地のカナダ・トロント行きの飛行機に乗るとか。

ずっと移籍先の最有力候補といわれてきたドジャースについては、デーブ・ロバーツ監督自らが大谷選手と面談したと明言しましたが、それ以外はなかなか確定的な情報が出ず、全容が見えない状況でした。

大谷選手の決断の時が迫るなか、錯綜する情報に球界関係者、さらには世界中の野球ファンが翻弄されるという出来事も起きました。**みんなで振り回された大谷選手不在の〝大谷狂騒曲〟**を時系列順に振り返りましょう。

まずは12月7日深夜（日本時間8日15時過ぎ）、**ブルージェイズのファンがあることに気がつきました。**飛行中の民間航空機の現在位置がわかるサイト「フライトレーダー24」を見ていたところ、ロサンゼルス近郊のジョンウェイン空港からトロントのピアソン空港へ向かうプライベートジェットが設定されたのです。

両空港間でプライベートジェットが設定されることは珍しいそう。ブルージェイズが大谷選手獲得に向けて猛プッシュしているとすでに報道されていました。ブルージェイズファンの熱もかなり高まっていたなかで、この飛行機が出現したものですから「もしかしたら、大谷選手が乗ってトロントへ行き、ブルージェイズと契約するのでは」という予想が、SNS上で芽生え始めました。

しかも、飛行機の使用機材はボンバルディア社のグローバルシリーズで、大谷選手は昨年のWBCで帰国する際に同じシリーズの機材に乗っていた、というチェックまで入り、期待を高める一因にもなったのです。

その飛行機の動向が注目されるなか、数時間後にはMLBネットワークのジョン・モロシ記者がビッグニュースを伝えます。

何と大谷選手の移籍先の決断は近い、最速で12月8日中に決断するかもしれないと。野球ファンはみんな大谷選手の話を待っていた状況でしたから、これで移籍先の予想が過熱するとともに、「例のプライベートジェットには、やはり大谷選手が搭乗するのでは」「ブルージェイズと契約するつもりなのでは」とSNS上で一気に「ブルージェイズ・大谷論」

が高まりました。

モロシ記者は「X」（旧Twitter）でこのポストを投下した直後にMLBネットワークに出演し、やはり情報筋の話として、大谷選手の決断が近そうであること、さらにはここ数日でブルージェイズが「大谷獲得戦線」においてかなり優位に立っていることを伝えました。ブルージェイズファンの方々は本当に大谷選手が来るんじゃないかと、期待と同時に緊張もだいぶ高まる瞬間だったことでしょう。


大谷選手の決断が近いという報道が出た1時間後、そのトロント行きが注目されるなかで、**オペラ歌手を名乗る人物がブルージェイズの本拠地近郊の高級寿司店に「ブルージェイズの菊池雄星投手が50人規模の予約を入れた」とポスト**し、これも話題を呼びました。日本人といえば寿司、大谷選手が来るから菊池投手が寿司店を予約しているんだ——何とも安直ではありますが、このポストはかなりの反響を呼ぶことになります。

実際にこのポストをした人物はフォロワーが1000人にも満たないようなアカウントであり、正直なところ信頼に足るような話ではなく、のちに菊池投手が否定。少なくとも当事者ではない菊池投手がオフシーズンになぜかトロントで50人規模の寿司パーティをしようとしているというジョーク自体にはクスッとしましたが、このポストも相まって、「ブルージェイズ・大谷論」はさらに高まった印象ではあります。

さらに、12月8日（日本時間9日午前1時30分頃）、**モロシ記者から続報**が入ります。「仮に24時間以内に大谷選手が決断を下したとしても、その後にメディカルチェックなどがあるため、**正式な契約合意には数日かかるかもしれない**」と。

それは別に大谷選手に限った話ではなく、MLBの移籍市場においては当たり前の話。移籍の第一報が出てから実際に正式発表されるまで数日間以上を要するケースは珍しいことではないですし、そんなもんだよな。というか、**今さら言うことなのか**と思った部分もありますが、内容的には少しトーンダウンした格好でもありました。

日本で大谷選手の移籍先の動向を追い、今か今かと待っていた人のなかには、おそらくモロシ記者の「数日間を要する」旨のポストであきらめて寝た方も多いような気がします。私もその一人です。

それから2時間ほど経った日本時間未明の午前4時前。ドジャース専門メディア「ドジャース・ネーション」のJ・P・ホーンストラ記者が「大谷選手がブルージェイズを選んだ」と記事を出し、ついに全員が待っていた瞬間が訪れます。契約内容は不明としながらも、トラウトがエンゼルスと2019年に結んだMLB史上最高額の12年総額4億2650万ドルは、少なくとも超えるだろうとも伝えていました。ブルージェイズだったのか、トロント行きは本当だったんだ。誰もがそう思いました。

しかし、この報道は即座に否定されることとなります。カナダメディア「Sportsnet」のブルージェイズ番、ベン・ニコルソン＝スミス記者はそれから10分後、大谷選手はまだ決断を下していないし、下す予定も特段わかっていないと伝え、これに米大手スポーツメディア「ESPN」のアルデン・ゴンザレス記者らも追随し、ブルージェイズファンの熱狂はわずか10分で鎮火されてしまいます。ただ、ニコルソン＝スミス記者は同じポストのなかでブルージェイズがファイナリストであることも伝えており、依然として有力な移籍先候補であることに変わりはなさそうな状況でした。

そうこうしながら、日本時間でそろそろ太陽も昇ろうかという午前6時1分。大谷選手の決断が近いと最初に報じたモロシ記者が、再び爆弾を投下。現時点で契約自体はまだ、としながらも、大谷選手が本日トロントに向かっていると報道したのです。

この時点で例のプライベートジェットはロサンゼルスを発って、もうじきトロントに到着するくらいの時間になっており、「フライトレーダー24」ではその飛行軌跡を追う人が世界中で1万人を超え、世界で最も動向が注目されているジェット機となっていました。

それに乗っている人物はやはり大谷選手なのではないか。MLBネットワークの信頼できる記者が、大谷選手はトロントに向かっているというくらいなのだから。今度こそ「ブルージェイズ・大谷」が爆誕するのでないか。私も当時は本当にそう思いました。午前6時過ぎに起床して、大谷選手の行先はまだ決まってないのかと驚きつつも、モロシ記者のポストを見て「ああ、これはブルージェイズっぽいな」と思いましたよ。

……そう思ったんですが、1時間後の午前7時11分。米国大手メディア「USAトゥデイ」のボブ・ナイチンゲール記者が衝撃のニュースを伝えました。大谷選手は、そもそもトロントにすら向かっていなかったと。いやいや、その展開ある？

ナイチンゲール記者のポストをものすごく意訳しますと、①大谷選手はトロントにいません　②トロント行きのフライトにも搭乗していません　③大谷選手は南カリフォルニアの自宅にいます。

アナハイムの地元紙「オレンジカウンティー・レジスター」のエンゼルス番、ジェフ・フレッチャー記者らほかの記者たちも大谷選手の在宅を次々と確認し、そもそもトロントに向かってすらいなかったことが正確な情報だったと判明する展開に。自宅にいながら、まさかのトロント行きにされた大谷選手。まあ、それよりもブルージェイズファンのショックたるやですよ。ぬか喜びもいいところですよね。


これで大谷選手はトロントに向かっていないことが確認されたわけです。では、例のプライベートジェットには誰が乗っていたのか。カナダ国営放送「CBC」がわざわざピアソン空港まで確認しにいったようで、搭乗していたのは大谷選手とはまったくの別人、カナダの有名実業家ロバート・ハージャベク氏とそのご家族だったそうで、ナイチンゲール記者らの報道が正しかったことが証明されます。

大谷選手と勘違いされたハージャベク氏はその後インスタグラムで、ブルージェイズのユニフォームを着た自分の写真をアップしながら、①自分は大谷翔平ではない②一緒に飛行機に乗っていた5歳の息子が結構いやらしいボールを投げるので、ブルージェイズは6億ドル（約870億円）で契約してくれないか？――とウィットに富んだ投稿をしていました。


結局、日本時間ではこの日のうちに大谷選手の決断が報道されることはなく、トロント行きの誤報を伝えてしまったモロシ記者はのちに謝罪。結果的に間違ってはいましたが、オフシーズンとしては珍しく次なる情報を1分1分追い、一喜一憂できる流れは個人的に面白かったです。同時に大谷選手に対する注目度の高さを感じ、大谷選手自身がなるべく動向をオープンにしたくない理由も何となくわかるような出来事でもありました。

MLB担当の有力な記者でも確かな情報はつかめていなさそうだったので、最終的に選ばれるチームはその瞬間になるまでわからなかったのでしょうね。

移籍先をめぐってネット上では本人不在で大騒ぎとなるなか、熟慮したと思われる契約内容でドジャース移籍を決断した大谷

山本も
ド軍移籍

"日本最高投手"山本も
ド軍入りで夢ローテ実現へ

大谷選手に続いて、3年連続投手四冠獲得で日本では投手としてやり尽くしたともいえる山本由伸投手もこのオフ、オリックス・バファローズからドジャースへ移籍しました。大谷選手とチームメートになり、大谷選手が予定通り2025年に投手復帰できれば、ともに先発ローテーションを守るでしょう。日本のメジャーリーグファン、とくに日本人選手を中心にメジャーを追っている方からすれば、まさに夢のような展開です。

山本投手はオリックスでリーグ3連覇、日本シリーズでは昨年こそ阪神タイガースに3勝4敗で惜しくも敗れましたが、2022年には1996年以来26年ぶりの日本一を成し遂げています。

　メジャー以外でプレーする選手としては世界No.1といっても過言ではない選手です。NPBで通算防御率1・82は圧巻ですし、ここ3年連続で最多勝、最優秀防御率、最高勝率、最多奪三振の投手四冠、3年連続の沢村栄治賞にMVP。日本では敵なしの状態は誰の目にも明らかだったでしょう。

　おまけに、山本投手はまだ年齢が25歳と若い。今回はポスティング・システム（入札制度）による移籍でしたが、この年齢でこんなハイレベルのピッチングをしている投手が移籍市場に出てくることはめったにありません。

　若くして活躍してサイ・ヤング賞を受賞した選手といえば、1997年の25歳シーズンに初受賞、そして合計3度受賞して殿堂入りした名投手ペドロ・マルティネス（ボストン・レッドソックスなど）らがいます。このオフのFA市場には、やはり25歳シーズンで初受賞、昨年を含めて合計2度受賞したブレイク・スネル（サンディエゴ・パドレスFA）もいましたが、2月20日現在、まだ所属先が決まっていません。

　このようなメジャーで実績のある選手たちを差し置いて、山本投手はこのオフの移籍市場のピッチャーではNo.1の評価を受けた。今季、山本投手も25歳で初めてメジャーリーグに臨みます。**マルティネス、スネルと同じように25歳で、そして日本人初のサイ・ヤング賞受賞が期待**されます。

ドジャースの環境はプラスに働きそうです。「勝てるチーム」「(資金潤沢な)ビッグマーケット」「日本人の多い西海岸」という要素はもちろんですが、大谷選手が本格的にマウンドに戻るであろう2025年から、ドジャースは先発を6人で回すことになるはずです。そうすると、日本で基本的に週に1度投げていた時代と近いような起用になります。

懸念点があるとすれば、MLBの先発投手としては小柄な身長178センチ、体重80キロという体格。MLBのスカウトのなかには、ケガをせずに長期間活躍できるかを疑問視する声もあるようです。ですから、山本投手の今後のキャリアを守るうえで、**「6人ローテ」が基本となりそうな点は大きなメリット**になり得る。契約期間もオプトアウト(契約期間中に選手側から契約を破棄できる権利)をしなければ12年間と非常に長いため、コンディションを大事にしながら長くプレーを続けられる可能性が高い面でも、**選手層が厚いドジ**

ャース入りは必然だったのでしょう。

ドジャースにとっても、山本投手の獲得は大谷選手獲得に並ぶほど是が非でもかなえたかったことだと思います。このオフの課題の一つは、先発陣の強化でした。タンパベイ・レイズからトレードで先発右腕タイラー・グラスノーを獲得したこともその一環ですが、故障が多い選手なので稼働面に不安はある。そこで、山本投手のように長く先発陣の柱として活躍できる選手も欲しかったのです。

ドジャースはその後、レッドソックスからベテラン先発左腕のジェームズ・パクストンを獲得。左肩手術を経て今夏頃の復帰を目指す通算210勝左腕クレイトン・カーショウとも再契約できたため、豊富な若手の先発候補とも相まって、十分な先発デプス（Depth＝選手層の厚さ）を確保できました。

さらに2025年には、昨年9月に右肘手術を受けた大谷選手をはじめ、先発陣がそろって本調子となる見通しです。昨年5月に右前腕を痛めるまで9試合先発4勝1敗、防御率2・63という好成績を挙げていたダスティン・メイ、2022年に開幕11連勝を含む16

勝を挙げるも昨年9月にトミー・ジョン手術を受けたトニー・ゴンソリンも、２０２５年にはフル稼働できるはずです。

そうすれば、２０２５年以降の先発ローテーションは、ドリームチームのような編成になりそうです。このままいけば大谷選手、山本投手、グラスノーでまず3枚が埋まり、４番手以降を他球団ならエース級の素質のあるメイや１００マイル右腕のボビー・ミラーらが争うことになります。メンツが豪華すぎて、ホントに意味がわかりません。

そしてやはり大谷選手同様、山本投手も超大型契約でした。12年総額3億２５００万ドル（約４７１億円）。私が衝撃を受けた点は、契約年数よりも契約総額です。オフに入った時点で、もしかしたら2億ドル（約２９０億円）もあるんじゃないかと期待されていました。まだメジャーで投げたことがない投手にいきなり2億ドルって、ものすごい話だなと思っていたら、それどころか3億ドル（約４３５億円）を超え、しかも契約総額では昨年サイ・ヤング賞右腕ゲリット・コール（ヤンキース）も超え、投手の史上最高額を塗り替えてしまったのです。

ドジャースだけでなくMLB各球団から「エース級の投手である」という評価が、今回の契約総額に見事に表れていました。要するにドジャースとしては、「コール級のパフォーマンス」を期待している、という意味でもあります。

「コール級のパフォーマンス」とは、いったいどんなレベルなのか。コールは2019年に最優秀防御率&最多奪三振、2021年には最多勝、2022年に2度目の奪三振王、昨年は2度目の最優秀防御率を獲得して初のサイ・ヤング賞に輝いています。

さらに詳しく。コールがピッツバーグ・パイレーツから、ヒューストン・アストロズへ移籍した2018年以降の成績をみてみましょう。コールを今のコールたらしめたのが2018年。パイレーツ時代の2013年にメジャーデビューを果たして5年間経験を積み、強豪チームへ移籍した初年となります。当時28歳シーズンで、本格的に超一流の域に入った年でした。

昨年までの6年間で投球イニング数1076・2イニングは、同期間のMLBでトップ。年平均は179イニングですが、2020年は新型コロナウイルス感染拡大の影響で60試合の短縮シーズンだったため、それを除いた5年間の年平均は201イニング。先発投手のイニング数がどんどん短くなっている現代において、アベレージで200イニングを投げられる選手は本当に貴重な存在です。

イニングをしっかりこなしながら、6年間の平均防御率2・93は同期間のMLB全先発のうち6番目。メジャーファンにはおなじみのデータサイト「FanGraphs」で算出された選手評価値「WAR」（代替可能な選手と比較し、チームの勝利数をどれだけ上積みできたかを示す指標）は全投手でトップです。こちらもメジャーファンにはよく知られている統計サイト「Baseball Reference」が算出したWARでも、通算214勝右腕マックス・シャーザー（テキサス・レンジャーズ）に次ぐ僅差の2位。一級品の実績を残しています。

また、コールは投手として初めて大型契約で3億ドルの大台に乗った選手。その9年総額3億2400万ドル（約470億円）と、山本投手が上回った1億4500万ドル（約1億4500万円）の差は、ドジャース側も「コール超え」を意識していたのではないかと思います。

逆に、獲得に乗り出していたヤンキースは、コール以上の金額は提示できなかったのかもしれません。でも、報道されているオファーの中身を見ると、ヤンキースが出した条件が上とみることもできます。2500万ドル（約36億円）をケチった結果、山本投手を逃してしまったわけではなさそうです。

ヤンキースのオファーは「10年総額3億ドル」と報道されていました。年平均でいえば3000万ドル（約43億5000万円）なので、ドジャースの約2708万ドル（約39億円）を上回る。かつ、ヤンキース側が提示したオプトアウトでFAとなれるタイミングは、ドジャースの最速6年目終了時よりも1年早い条件で設定されていたといわれています。1年早くFA市場に挑戦できる可能性があることから、トータルで得られる金銭的なポテンシャルでは、ヤンキースのほうがもしかしたら上だったかもしれません。

ドジャースとの契約では、山本投手は最短で30歳シーズン終了後に、オプトアウトの権利を行使できます。今度はメジャーでキャリアを積んだ状態でFA市場に再挑戦できる設計。まだ先の話ですが、これからどんな活躍をして、どんな選択をするのか楽しみですね。

2024年の
大谷翔平

新たなチームメートはどんな選手？
大谷に期待される記録とは

今年から大谷選手はドジャースの一員として新しい環境でプレーします。「2024年の大谷翔平」をより楽しく観戦するために、大谷選手のチームメートをご紹介しましょう。

まずは、1番打者のベッツ。5ツール・プレーヤーで、走攻守の何でもできる選手です。スター選手では同じ時代の外野手に、現役では最多となるMVP3度受賞のトラウト（エンゼルス）がいたおかげで、なぜか2番手のような扱いを受けている印象がありますが、ベッツも大概おかしな成績を残しています。

21歳の2014年にレッドソックスでメジャーデビューを果たし、2016年には21

4安打をマーク。2018年には打率3割4分6厘で首位打者に輝き、32本塁打、30盗塁で「トリプル・スリー」をマーク。MVPも獲得しています。

強打者の表彰「シルバースラッガー賞」を外野手部門で6度受賞。守備面でもゴールドグラブ賞を6度受賞し、オールスターにも7度出場するなど、長きにわたってハイレベルな活躍を見せています。

もともとは内野手で、2020年にドジャースへ移籍する前から右翼がほぼ定位置となりましたが、30歳シーズンの今年から何と正二塁手で起用されます。いかに〝身体能力お化け〟であるかがわかりますよね。

さらに、彼はボウリングのプロでもある。シーズンオフにはボウリングのプロ大会に出場し続けています。2017、2022年にすべてストライクのパーフェクトゲームをやってのけたほどの腕前。日本では落合博満さんがかつてプロボウラーを目指していたという逸話がありますが、もしかしたらボウリングと野球には親和性があるのかもしれません。

このベッツがいることで、大谷選手は打順でおそらく2番か3番に入ると思います。同じく2番か3番に入るであろう人物が2020年のMVP、オールスター7度出場のフリーマン。身長196センチ、体重100キロのビッグマンですが、見た目はシュッとした選手です。

メジャーデビュー以来12年間を過ごしたアトランタ・ブレーブスから、2022年にドジャースに加入しました。一塁手は本塁打をボコボコ打って、三振もめっちゃするという古典的なイメージがありますが、彼はけっしてそうではない。本塁打もそこそこ打つけれど、どちらかといえばギャップヒッター（外野手の間を抜く長打力のある選手）。2018年以降の6シーズンのうち、4シーズンで二塁打はリーグトップ。昨年は1947年以降では最多タイ記録の59本の二塁打を放っています。

しかも、ほぼほぼ休まない。過去に3度フル出場しているほか、2018年以降の6シーズン合計で欠場した試合は、たったの11試合です。キャプテンシーにあふれていますし、頼りになる選手です。

また、フリーマンの長男チャーリーくんは、とても愛らしくてSNS上やスタジアムで人気を博しています。2歳のときに、おしゃぶりをくわえながらティー打撃をバンバン打つ動画で人気に火がつき、2020年にはチャーリーくんが投げた球をフリーマンが容赦なく場外本塁打級に打ち返すという英才教育？　をしている動画でも有名になりました。

大谷選手はこのベッツ、フリーマンと超豪華な上位打線を組むことになります。大谷選手も2021、2023年にMVPを獲得。上位3選手がMVP経験者となります。

ドジャースではベッツは1番打者としてフィットしていますから、大谷選手の打順は2番、もしくは3番。大谷選手とフリーマンをどう並び替えるかがカギです。

大方の予想は「1番・ベッツ、2番・大谷、3番・フリーマン」だと思います。大谷選手はエンゼルスで2番も多かったので、基本はその並びなのかなと。後ろにフリーマンがいることで、相手バッテリーは大谷選手との勝負を避けることが難しくなるでしょう。

ただし、大谷選手は三振が少ないわけではないので、これまで通り「1番・ベッツ、2番・フリーマン」の鉄板コンビにして、大谷選手を3番に置くのもアリです。そうすると、大谷選手の後ろは、捕手で4番のウィル・スミス。大谷選手と比べたらスミスは見劣りするかもしれませんが、彼が優れていないというわけではなく、長打力のある選手です。

あとは、左投手には右打者、右投手には左打者を当てるプラトーン・システムの時代ですから、相手投手の左右によって打線を組み替えることはあるでしょうね。

そのスミスですが、まず名前がいいじゃないですか。俳優の、あのウィル・スミスと同じなので覚えやすい。メジャーリーグのなかでも、捕手としては高い打撃力を誇ります。

ちなみに、メジャーリーグには投手のウィル・スミス（カンザスシティ・ロイヤルズ）もおり、2020年プレーオフでは同姓同名の「ウィル・スミス対決」が実現しました。

ほかのレギュラー陣では**分厚い体格の三塁手のマックス・マンシー**は現代的な野球選手であります。成績がアンバランスなんです。三振上等で本塁打を狙いにいきながらも、四球も選ぶ。四球はここ3年連続で各80個以上。**選球眼がいいんです。本塁打も3シーズン連続20本以上ですが、めちゃめちゃ打率が低い。**ここ4年で2割を切ったシーズンが2度もあり、昨年も2割1分2厘です。

最近の守備位置は三塁か一塁で、昨年のルール改定で入らなくなりましたが、以前は二塁も守っていました。「その打撃でセカンドかい！」とツッコミたくなるほど、日本にお

2024年ドジャースのスタメン予想

打順	位置	選手名	年齢	平均年俸	打率	本塁打	打点	盗塁
				タイトルなど				
①	二塁	ムーキー・ベッツ	31	3042万ドル	.307	39	107	14
				首位打者1度(2018年) MVP1度(2018年) オールスター7度(2016〜19、21〜23年)ほか				
②	DH	大谷翔平	29	7000万ドル	.304	44	95	20
				本塁打王1度(2023年) MVP2度(2021、23年) オールスター3度(2021〜23年)ほか				
③	一塁	フレディ・フリーマン	34	2700万ドル	.331	29	102	23
				MVP1度(2020年) オールスター7度(2013、14、18、19、21〜23年) シルバースラッガー賞3度(2019〜21年)				
④	捕手	ウィル・スミス	28	855万ドル	.261	19	76	3
				オールスター1度(2023年)				
⑤	三塁	マックス・マンシー	33	1200万ドル	.212	36	105	1
				オールスター2度(2019、21年)				
⑥	中堅	ジェームズ・アウトマン	26	77万ドル	.248	23	70	16
				※2022年メジャーデビュー。 初打席初アーチ。昨季は正中堅手として活躍				
⑦	左翼	テオスカー・ヘルナンデス	31	2350万ドル	.258	26	93	7
				シルバースラッガー賞(2020、21年) オールスター1度(2021年)				
⑧	右翼	ジェイソン・ヘイワード	34	900万ドル	.269	15	40	2
				オールスター1度(2010年) ゴールドグラブ賞5度(2012、14〜17年)ほか				
⑨	遊撃	ギャビン・ラックス	26	123万ドル	—	—	—	—
				※2019年メジャーデビュー。23年は右膝負傷で欠場				

※年齢は2024年1月1日時点。成績は 2023 年シーズン

ける二塁手のイメージとは真逆の選手です（笑）。

パワーがあって、四球も選べる。ですから、打順は5番を務めることが多いのですが、左投手に弱いというウィークポイントがあります。通年で5番かと言われるとそうでもないかな。左投手が出てくるときは、ほかの右打者が起用されると思います。

打順6番になるであろう選手が中堅手のジェームズ・アウトマン。もともとプロスペクト（若手有望選手。MLB公式でも球団ごとにランキングが発表される）のなかで、そこまでステータスが高い選手ではありませんでしたが、さすが「育成のドジャース」。充実したファーム組織のなかで、着実に成長してきた選手の一人です。2022年にメジャーデビューを果たし、昨年は151試合出場で打率2割4分8厘、23本塁打、70打点、代替可能な選手と比較してどれだけチームの勝利数を増やしたかを示す選手評価指標「rWAR」は3・3。一流選手としての数値を残しています。

基本的に正中堅手で、守備指標もいい。攻守で貢献できる選手です。

7番には、私が長年応援しているマリナーズから獲得した左翼手、通算159発のテオスカー・ヘルナンデス。２０２１年には初のオールスター出場を飾り、昨年は打率２割５分８厘、26本塁打、93打点でした。ＭＬＢ屈指の長距離砲で体もゴツイですが、実は笑顔がとてもすてきな選手です。

「８番・右翼」で起用されるであろうジェイソン・ヘイワードは、ブレーブスをはじめ３球団では外野手部門でゴールドグラブ５度受賞の名手。ただ、２０１６年にカブスと８年総額１億８４００万ドル（約２６７億円）の大型契約を結びましたが、成績が下がって〝不良債権〟化してしまいました。２０２１年は打率２割１分４厘、８本塁打、30打点、そして・８００で平均以上といわれる打撃指標「ＯＰＳ」は・６２７ですし、２０２２年は右膝を負傷して48試合出場の打率２割４厘、１本塁打、10打点、ＯＰＳは・５５６にとどまりました。守備はめちゃくちゃうまいのですが、打撃がさっぱり。契約を１年残して２０２２年オフにカブスからリリースされました。

しかし、さすが〝ドジャース再生工場〟です。ヘイワードも昨年にドジャース入りすると１２４試合出場の打率２割６分９厘、15本塁打。見事に復活しました。

スターティング・メンバー予想の最後は、遊撃手のギャビン・ラックス。2016年ドラフト1巡目（全体20位）指名で、マイナーでも上位のプロスペクトでした。しかし、2019年にメジャーデビューは果たしたものの、なかなか結果が出ず。二塁手での起用から、2021年以降は遊撃、そして外野の守備も務めるようになり、2022年には129試合出場で打率2割7分6厘の成績を残し、昨年は非常に期待されていました。

でも、オープン戦で右膝の前十字靭帯と外側側副靭帯の断裂という大ケガで手術を受け、昨季は全休してしまいました。日本で言うところの「ドラ1」なのに苦労が多い。もともとの期待値が高いので、活躍には物足りなさが残ります。今年も遊撃手の予定だと思いますが、手術明けの膝がどうかわからないので、どれだけショートを守れるかも未知数です。

スーパーサブには一塁以外の内外野を守れるクリス・テーラーもいます。マリナーズ時代はパワーとは無縁の典型的な二遊間の選手で、本塁打はゼロ。しかし、2016年途中にドジャースへ移籍してから大きく変わりました。

ゴロよりも打球速度のあるフライを上げたほうが長打になる確率が上がるという理論

大谷のMLB打撃成績

年	試合/四球	打数/三振	得点/盗塁	安打/打率	二塁打/出塁率	三塁打/長打率	本塁打/OPS	打点/WAR
2018	114	326	59	93	21	2	22	61
	37	102	10	.285	.361	.564	.925	3.9
2019	106	384	51	110	20	5	18	62
	33	110	12	.286	.343	.505	.848	2.5
2020	46	153	23	29	6	0	7	24
	22	50	7	.190	.291	.366	.657	−0.4
2021	158	537	103	138	26	8	46	100
	96	189	26	.257	.372	.592	.964	8.9
2022	157	586	90	160	30	6	34	95
	72	161	11	.273	.356	.519	.875	9.6
2023	135	497	102	151	26	8	44	95
	91	143	20	.304	.412	.654	1.066	10.0
通算	**716**	**2483**	**428**	**681**	**129**	**29**	**171**	**437**
	351	**755**	**86**	**.274**	**.366**	**.556**	**.922**	

※ MLB公式参照。WARは投打合算

「フライボール革命」の第一人者であるロバート・バンスコヨック氏から指導を受けたことがきっかけ。高い打率を残すタイプではありませんが、チームが必要とするポジションを守りながら、そこそこパワーもある。チームに一人いてくれると重宝する存在です。

大谷選手は昨年、この惑星に住む人とは思えないほどの大活躍でした。投手としては故障のため8月23日の本拠地レッズ戦を最後に登板しませんでしたが、それでも23試合登板10勝5敗、防御率3・14。打者としてはメジャーでは自身初の大台となる打率3割4厘をマークし、95打点、1を超えると超一流選手であることを示す指標「OPS（出塁率と長打率を足した数値）」はリーグトップの1・066。44本塁打でアジア人として初の本塁打王に輝き、負傷のため約1カ月早くシーズンを終えたにもかかわらず、満票で自身2度目のMVPを受賞しました。もはや、地球人の限界にまで達したんじゃないかと思ってしまうほどです。

今年は打者に専念します。右肘の手術明けとはいえ、さまざまな記録をつくってくれそうな気がします。**2年連続の本塁打王**の可能性もありますよね。しかも、ア・リーグからナ・リーグへ移籍しているため、異なるリーグで2年連続本塁打王となれば史上初の快挙です。投手を1年間封印することで負担が軽減され、ドジャースの強力打線はエンゼルスよりも出塁する選手が多いでしょうから、自身初の打点王獲得も可能性があります。

また、DHに専念することで、「フルタイムのDH」としての記録も期待できます。フルタイムのDHによる最多本塁打は、通算541本塁打のデビッド・オルティス（当時レッドソックス）が放った2006年の54本塁打、OPSは〝元祖DH専門〟のエドガー・マルティネス（マリナーズ）がマークした1995年の1・107。これらを超えれば、新たな「史上最多」となります。

さらに、「異なるリーグでMVP獲得」となれば、かつて三冠王にも輝いた通算586発のフランク・ロビンソン（1961年レッズ、1966年オリオールズ）以来史上2人目。大谷選手は昨年ア・リーグでMVPを獲得していますから、「異なるリーグで2年連続MVP」の場合は史上初となります。

また、大谷選手は2021年にもエンゼルスで自身初のMVPを獲得しているため、「4年間で3度のMVP」を獲得すれば、バリー・ボンズ以来史上2人目という記録もあります。**フルタイムのDHに限れば、MVPの獲得自体が史上初となるそうです。**

ワールドシリーズでの大谷選手も見てみたい。今年は打者専念なので、最大の見せ場としては「世界一を決めるサヨナラ本塁打」ですかね。最終戦のサヨナラ本塁打は、1960年ビル・マゼロスキー（当時パイレーツ）がヤンキースとの第7戦で史上初をマークしています。史上2人目は1993年ジョー・カーター（ブルージェイズ）で、もし大谷選手がそうなれば、31年ぶり史上3人目となります。

投手に復帰予定の2025年であれば、ワールドシリーズで完投は難しいでしょうから、シリーズが進んで第6戦、第7戦にもつれて、「2番・DH」で先発した大谷選手が、昨年WBC決勝の再現のようにリリーフ登板する――もしかしたら、そういうシーンがあるかもしれない。

ドラマチックな星のもとに生まれている選手。すでにメジャーの歴史はつくっていますが、また新しい歴史の扉を開いてくれると思います。期待はしちゃいますよね。

第二章

メジャーリーグって何だ？

楽しみ方

MLBは球場も選手も個性あふれる壮大なエンターテインメント

アメリカは広い。国土の大きさでいえば、アメリカ合衆国は世界3位の国土を持ち、日本は61位。国土は日本の約26倍です。ですので、**アメリカでは同じ英語でも東海岸、西海岸では話し方が違うほど、それぞれの州に個性**があります。

よくアメリカでネタになるのが、ニューヨーク市民とロサンゼルス市民の対比。日本なら「東京人と大阪人」を比較するような感じです。ニューヨーカーはせかせかしていて、1分1秒を惜しんで動いている。ロサンゼルスを含む西海岸に住む人たちはのんびりしています。

メジャーリーグの球団にも、各都市ならではの個性が反映されています。ファンの気性でいえば、東海岸のほうが比較的荒いでしょうね。大都市が多く、熱烈なファンが多い。その分、厳しいヤジも飛ぶ。先日、西海岸に本拠地を持つドジャースのスター選手、ベッツはレッドソックス在籍当時を振り返り、東海岸に本拠地を持つ球団のファンについて「勝たないと殺されるくらいの雰囲気がある」と言っていました（笑）。私が昨夏にヤンキー・スタジアムで観戦したときも、容赦のないヤジが飛んでいましたね。

西海岸でも、ドジャースやジャイアンツなどの人気球団は違うかもしれませんが、概して西海岸のほうが穏やか。アメリカ大陸の中部にある地方のチームはもっと牧歌的です。

私が野球を見始めた時期は小学校低学年の頃です。翌年メジャーへ移籍する松井秀喜選手が、巨人で50本塁打のタイトルを置き土産にした2002年でした。松井選手は2003年からヤンキースでプレーし、私もちょうど西海岸のオレゴン州へ家族で移住。メジャーリーグを初めて観戦しました。そこで引き込まれたチームが、オレゴン州で一番地理的に近いMLBのチーム、今もファンであるマリナーズです。

マリナーズでは当時、イチロー選手がメジャー3年目。つまり、私はイチロー選手のNPB時代を見ておらず、メジャーリーガーとなってからを見始めたわけです。

子どもながら、ヤンキースは日本で言うところの巨人というイメージはありましたが、観戦した試合でマリナーズの打線が爆発してヤンキースを圧倒したことに感激しました。マリナーズはこんなに強いのかと。イチロー選手と一緒に右中間を守っていた名中堅手マイク・キャメロンや、のちに殿堂入りを果たす強打者エドガー・マルティネスをはじめ、イチロー選手以外にも非常に魅力的な選手がいたのです。日本の12球団よりも多い30球団が覇を競い、移籍市場も華やかというメジャーリーグの世界にのめり込んでいきました。

——のちにマリナーズは暗黒時代に突入し、自分を苦しめた部分もありましたが（笑）。

メジャーリーグにはさまざまな良さがあります。まず、プレーのスケールが大きい。日本の野球とはパワーが違うとよく言われますが、スケールが一段、二段上のような気がします。応援していても、応援歌やトランペットが鳴り響く日本とは違ってスタジアムに打球音が響きますし、バチンとミットで捕球する音も、投球時の唸り声も聞こえる。選手から発せられる音、声が聞こえるところが好きですね。

昨夏、久しぶりにヤンキー・スタジアムで観戦しました。生で見るメジャーリーグはやはり、雰囲気も含めて日本の球場とは違う。一生懸命応援するというよりは、ファンがリラックスして楽しむエンターテインメントといった感じです。かと思えば、盛り上がるときは球場全体が地響きのような「ワーッ」という歓声に包まれます。メリハリという意味では、アメリカのほうが明確。予習をせずに観戦しても、盛り上がり方で試合のポイントや選手の記録達成などを瞬時に感じられるのは、メジャーリーグかもしれません。

球団の本拠地球場も個性が強い。日本にも観覧車付きや左右非対称の球場ができましたが、メジャーリーグでは全30球団の本拠地にそれぞれ強烈な持ち味があります。

私はレッドソックスのフェンウェイ・パークが好きです。左翼側にそびえる巨大フェンス「グリーン・モンスター」に登ってみたい。現行30球団の中で最も古い歴史を持つスタジアムで、球場の形もいびつ。メジャーの〝変な球場〟の最たる例だと思います。

アストロズの本拠地ミニッツメイド・パークには昔、グラウンド上の中堅奥にちょっとした丘「Tal's Hill」があって、なぜかそこにポールが立っているというよくわからない仕様になっていました。このせいで中堅がなんと435フィート(約132・6メートル)もあり、選手にも大不評だったそう。いくら特色を出すにしても、これはマネしないほうがいいです。安全面などを理由として、2016年オフには改修されました。

カブスの本拠地リグレー・フィールドも味わい深い。フェンウェイ・パークに次ぐ歴史ある球場で、外野フェンスはレンガを思わせる造り。そこに植物のツタが垂れています。日本では甲子園球場の外壁にツタがからまっていますが、ここは外野フェンス全面がツタ。フェンスという概念が全然違いますよね。

あとは、アリゾナ・ダイヤモンドバックスの本拠地チェイス・フィールド。右中間の外野スタンドにプールとジャグジーがあります。プールにホームランボールが飛び込むとファンが飛び込んで取りに行くという現象が起こる球場です。

日本でも、日本初の開閉式屋根付き天然芝球場となったエスコンフィールドHOKKAIDOにサウナが設置されました。日本におけるボールパークの潮流も少し変わっていく

アストロズの本拠地ミニッツメイド・パークにかつて存在した中堅奥の「Tal's Hill」とそのポール。ポール側は芝生になっている

でしょう。あのサウナは独特で、発想がいいですよね。日本で流行していることをうまく取り入れたのだと思います。

ここ数年で大きく注目されたホームランセレブレーションも、各球団でユニークな試みをしています。エンゼルスでは昨年、3月のWBCで日本代表が優勝したことと、大谷選手の活躍にちなんで、日本の戦国武将の象徴「兜」を採用しました。

加えて大谷選手は昨季、本塁打を打つとブルペンに向かって合図をして、一緒に「スレッジハンマー・ポーズ」をキメていました。これは大谷選手に限らず、メジャーリーガーは本塁打でダイヤモンドを1周するとき、ブルペンの方向へ合図やポーズを送る選手が多いんですよ。野手もブルペンに対して「やったよ!」という感じで、チームメートの一員として一緒に喜びを分かち合う。

逆に、ブルペンにやらないと怒られることもあるらしく、2022年オールスターに初出場した強打者タイ・フランス(マリナーズ)は、久々に本塁打を打った試合で久々過ぎてブルペンへの合図を忘れたことがありました。ベンチに戻ったら、ブルペンから電話で

「ちゃんとやれよ」と叱られ、謝罪したというエピソードがあります。

ほかにも、多彩なホームランセレブレーションがあります。日本のお笑いユニット「ダチョウ倶楽部」のように、本塁打を打った選手が本塁を踏んだ瞬間に、周囲に集まったチームメートが全員で倒れこむという方式も。なかなかユーモアがあっていいですよね。

ミルウォーキー・ブルワーズでは巨大なチーズのかぶりもの「チーズヘッド」。これは本拠地のあるウィスコンシン州はもともと酪農が盛んであること、そしてアメリカンフットボール、NFLで同州を本拠地とするグリーンベイ・パッカーズのファンが〝フットボール狂〟であることを示すためにかぶり始めたことが由来といわれています。

シンシナティ・レッズはバイキングのヘルメットをかぶります。しかも、毛皮のマントまでつける。これには〝厨二病〟心をくすぐられました（笑）。中学生ぐらいの男子はすごく好きそうな気がします。これでワチャワチャしていると〝男子の集まり〟みたいな感じになりますね。ツインズの「フィッシャーマン」スタイルもなかなかです。釣り人のベストを着て、ミニチュアの釣り竿を持つ。「本塁打を釣り上げる」イメージなのでしょうか。

私個人のベスト・ホームランセレブレーションは、すみません……やはりマリナーズです（笑）。本塁打を打った選手がベンチに帰ってくると、巨大フォークのようなトライデント（三叉槍＝さんさそう）をファンに掲げる。2022年新人王のフリオ・ロドリゲスはその後、地面に叩きつけるパフォーマンスをよくやっています。

トライデントはギリシャ神話の海神ポセイドンが持っている武器なので、「俺たちは海の王者だ」と言わんばかりのパフォーマンスです。メジャーリーガーの身長よりも大きなトライデント。「それ、どこで買ってきたの？」という疑問も含めて、私はかなり好きです。

マニアックな見どころは、「ベンチの中」。選手同士がいたずらを仕掛け合っていることがあるんです。いつもふざけているわけではないので、なかなか映らないシーンではありますが、もし見かけたらぜひ注目してほしいです。

風船状にふくらませたガムを仲間の帽子にくっつけて「いつ気づくかな？」みたいな小さなことから、火を使ったダイナミックないたずらをしているときもあります。以前、タンパベイ・レイズに在籍していた外野手デービッド・デヘススが試合中にベンチで棒アイ

トライデントを持つフリオ・ロドリゲス（マリナーズ）。身長 190.5 センチのロドリゲスをはるかに超える大胆な装備

スを食べていたこともあります。「そこまでラフでいいんだ」「テレビの前の僕たちと変わらないじゃん」と思わせるほど衝撃のラフさでした。そんなフランクな感じも、メジャーリーグの良さであります。

ＮＰＢの各選手には「持ちネタ」というか、決めポーズがありますよね。横浜ＤｅＮＡベイスターズでは腕を胸の前に構えるポーズ「デスターシャ」が話題になりました。もちろん、メジャーリーグにも各選手の「決めポーズ」があります。昨年3月のＷＢＣではメキシコ代表として活躍したランディ・アロザレーナ（レイズ）は、その準決勝で日本代表の大飛球を好捕しては腕組みポーズをしていました。観戦していて、このポーズを見ることができたらラッキーです。

またマリナーズの話で恐縮ですが、昨年外野手部門でシルバースラッガー賞を獲得した中堅手のフリオ・ロドリゲスは難しい打球を捕球すると、両腕でバッテンをつくるポーズ「ノー・フライ・ゾーン」をとります。バックスクリーン横には彼のファンが陣取っていて、「NO FLY ZONE」という垂れ幕も。ファンは同じポーズで華麗にアウトにした喜びを分かち合うのが通例です。マリナーズ戦では、この「バッテン」をぜひ見てほしいです。

各球団の主なホームランセレブレーション

球団	内容
エンゼルス	2023年は鹿児島県薩摩川内市の甲冑工房が制作した「兜」をかぶせた。2022年はカウボーイハット
ツインズ	本拠地ミネソタは湖が多く釣り人気があることからフィッシングベストとおもちゃの釣竿を持つ
オリオールズ	幼少時に外で遊んだ後に給水ホースから水を飲んだという選手談話をヒントに、ベンチでホースから水分補給
ブルワーズ	09年9月、打者が本塁を踏んだ瞬間に出迎えた仲間が全員転倒。2023年は地元名産チーズ型のかぶり物
パイレーツ	海賊たちを意味する球団名にちなみ、海賊の剣を抜いてベンチで同僚を斬る仕草
ブレーブス	2023年からビッグハットを導入も、製造元がMLB公式の帽子メーカー「New Era」ではなく4月下旬に禁止
レッズ	外野手フレイリーの容貌がバイキングを想起させることからバイキングヘルメットとマント。ベンチで仲間と船を漕ぐ仕草
レッドソックス	ランドリー・カートに乗せられるほか、2023年加入の吉田正尚にちなんでダンベルも登場
マリナーズ	海神ポセイドンの武器である「トライデント(三叉槍)」をスタンドに向かって誇示
ダイヤモンドバックス	2023年5月9日のマーリンズ戦から、チーム名の由来であるヘビのぬいぐるみを首にかけた

30球団ガイド

完全保存版！「これだけ読めば大丈夫」MLB全30球団の歴史&特徴

メジャーリーグは、史上初のプロ野球チームができたことから始まりました。1869年シンシナティ・レッドストッキングスです。それが源流となり、次第にプロ野球チームが増え、まずは1876年にアメリカ東部を中心にナショナル・リーグが発足します。当時はまだ8チームでした。

アメリカン・リーグは1901年に誕生し、2リーグ制が始まります。以前はア・リーグのみがDH制を導入しており、攻撃力が上がることで投手のレベルも必然的に上がり、オールスターでも長年ア・リーグが連勝している時期もありました。ですが、2022年からナ・リーグもDH制を採用しています。

1969年、各リーグ10チームから12チームに増加したことで地区制が誕生します。当初は東西2地区でしたが、1994年から各地区基本5チーム編成の3地区制に増加しています。2024年現在は全30球団ですが、今後もチームが増える可能性はあるそうです。試合はレギュラーシーズン162試合。おおよそ4~9月の26週で162試合ですから、休みはほとんどありません。メジャーリーグの日程がハードといわれる理由です。

ア・リーグ、とくにその東地区はヤンキースとレッドソックスという超人気球団を2つ抱えている分、注目を集めやすい。ただ、ナ・リーグにもドジャースがいますし、メッツもいる。ブレーブスは強いし、名門カージナルスもいます。全30球団の歴史や特徴をご紹介していきます。

ア・リーグ東地区

■ボルティモア・オリオールズ（2023年地区1位）

1901年に創設され、1969年の東西2地区制以来東地区に所属しています。当初はカナダとの国境にまたがる五大湖のミシガン湖などに面するウィスコンシン州の最大の都市ミルウォーキーが本拠地でしたが、1902年に北米大陸中央部に位置するミズーリ州のセントルイスへ移転。「セントルイス・ブラウンズ」となりました。さらに、1954年からワシントンD.C.近郊のメリーランド州ボルティモアへ移転して現在の球団名に変更されました。ちなみに、ボルティモアは蟹が名物です。

本拠地球場はオリオール・パーク・アット・カムデンヤーズ。地区優勝10度、リーグ優勝7度、ワールドシリーズは1966、1970、1983年の3度制しています。

1966年は、同年三冠王の強打者フランク・ロビンソン、のちにサイ・ヤング賞3度受賞の右腕ジム・パーマー、16年連続ゴールドグラブ賞を獲得して「人間掃除機」と呼ばれた三塁手ブルックス・ロビンソンらを擁し、ワールドシリーズ初優勝を飾りました。1960～1970年代に黄金時代を築き、1971年には日米野球で来日したこともあります。前述のロビンソンは史上初の「両リーグMVP」を獲得。大谷選手が達成すれば、1966年ロビンソン以来58年ぶりとなります。現役引退後はアフリカ系アメリカ人初のMLB監督に就任しました。

ほかに、代表的な名選手は連続試合出場でMLB歴代1位の2632試合の「鉄人」カル・リプケンJr.。球団マスコット「オリオール・バード」は1979年4月6日、メモリアル・スタジアムで巨大な卵から孵化したという設定になっています。

■タンパベイ・レイズ（2023年地区2位）

比較的新しい球団です。1998年、28球団から現在の30球団にエクスパンション（球団拡張）されるときに誕生しました。本拠地は現在と同じくメキシコ湾に面するフロリダ半島、フロリダ州セントピーターズバーグ。当初の球団名は、魚類のイトマキエイを意味する「レイ」を織り込んだ「タンパベイ・デビルレイズ」でした。2008年に現在の名称に変更され、「レイ」は光線を意味するようになりました。

本拠地球場はトロピカーナ・フィールド。地区優勝4度、リーグ優勝2度。ワールドシリーズ未制覇5球団のうちの一つで、2020年にドジャースに敗れるなど2度進出もいずれも敗退しています。

デビルレイズ時代は〝お荷物球団〟でしたが、2008年に地区、リーグでいずれも初優勝。2007年に東京ヤクルトスワローズからポスティング・システムで移籍してきた岩村明憲選手が1番打者を務め、チームをけん引していました。当時の指揮官は、のちにエンゼルス監督として大谷選手の二刀流実現に最大限の配慮をしてくれたジョー・マドンです。資金力は豊かではなく、チームの年俸総額もMLB最低クラスですが、データ分析を駆使した編成に長けている。野手に関しては中南米から将来有望な原石を発掘し、育成して戦力にする。ケガをしやすい投手はメジャーリーグ内で埋もれた才能に目をつけて育成する。潤沢な資金を持つ球団を相手に、頭脳で強さを維持しているイメージです。

現在の球団公式マスコットは、水中で暮らす新発見の犬種「シー・ドッグ」という設定のレイモンドです。

■トロント・ブルージェイズ（2023年地区3位）

1977年、ア・リーグで12球団から14球団へエクスパンションされるときにマリナーズとともに、カナダ・オンタリオ州トロントを本拠地に誕生しました。試合前にはアメリカ国歌とカナダ国歌が演奏されます。MLBではアメリカ以外に本拠地のある初のワールドシリーズ優勝球団で、1992、1993年に連覇を果たしています。

創設当初は大変苦戦しました。5年連続最下位で、うち初年から3年連続で100敗。徐々に力をつけて、1985年に球団初の地区優勝を果たしました。

本拠地球場は1989年に世界初の開閉式ドーム球場「スカイドーム」として開設されたロジャーズセンター。地区優勝6度、リーグ優勝2度、ワールドシリーズは前述の1993年の連覇時が最後の優勝です。

代表的な選手は1986年打点王、1993年ワールドシリーズでは第6戦フィリーズ戦で世界一を決めるサヨナラ弾を放ったジョー・カーター。通算203勝を挙げたロイ・ハラデイは在籍中の2003年に最初の最多勝、サイ・ヤング賞を獲得しています。

■ニューヨーク・ヤンキース（2023年地区4位）

前身は1901年のア・リーグ創設時にボルティモア・オリオールズ（現在のオリオールズとは異なる）としてスタート。1903年に本拠地をニューヨークへ移転してニューヨーク・ハイランダーズとなり、1913年に愛称だった「ヤンキース」が正式な球団名称に採用されました。

本拠地球場はヤンキー・スタジアム。MLBきっての名門球団で、地区優勝は20度、リーグ優勝は40度、ワールドシリーズ優勝はMLB歴代1位の27度。1936〜1939年はMLB史上初の3連覇、4連覇を達成しました。のちに殿堂入りした知将ケーシー・ステンゲル監督のもと、1949〜1953年のワールドシリーズ5連覇、1926〜1964年の39年連続勝ち越しなど多数の「歴代1位」記録があります。

1920年にベーブ・ルースがレッドソックスから電撃移籍し、第一次黄金期を迎えます。球団として初めて1921年リーグ優勝、1923年ワールドシリーズ優勝。1927年には、あまりに強力すぎるため「Murderer's Row（殺人打線）」と呼ばれた打線の中軸を担ったルースは、当時のMLB記録となるシーズン60本塁打を達成しました。ルースが獲得した通算本塁打王12度のうち10度がヤンキース時代です。

各年代で多くのスター選手を輩出しています。1934年三冠王のルー・ゲーリッグ、シーズンMVP3度受賞に加えて1941年に史上最多の56試合連続安打記録も樹立したジョー・ディマジオ。ディマジオは引退後の1954年、女優マリリン・モンローと日本へ新婚旅行に訪れていました。

1956年にスイッチヒッターとして初の三冠王ミッキー・マントル、1977年ワールドシリーズ第6戦ドジャース戦で3打席連続本塁打を放ち、世界一を決定づけた「Mr.オクトーバー」レジー・ジャクソンもいます。ヤンキースひとすじ20年の偉大なる遊撃手「The Captain」ことデレク・ジーター、19年間のメジャー生活でMLB歴代1位のセーブ王マリアノ・リベラ……枚挙にいとまがありません。

1973年に球団を買収した強烈な名物オーナー、〝ザ・ボス〟ジョージ・スタインブレナーが積極的にFA制度を活用し、大枚をはたいて大物選手を集める札束攻勢でチームを強化しました。狙っていた選手を奪われたレッドソックスのラリー・ルキーノCEOがヤンキースを指して「Evil Empire（イビル・エンパイア＝悪の帝国）」と呼んだことから、金満球団の新しい通称？　として「悪の帝国」と表現されることもあります。

■ボストン・レッドソックス（**2023年地区5位**）

1901年、ア・リーグ創設と同時に誕生した老舗球団です。当時から現在も、ニューヨークの北東部に位置するマサチューセッツ州ボストンが本拠地です。創設当初は「アメリカンズ」などの通称で呼ばれていたようですが、初期のチーム名「ボストン・ピルグリムス」から、1908年には現名称に変更されました。

本拠地球場はフェンウェイ・パーク。左翼側にある巨大な緑のフェンスは「グリーン・モンスター」と呼ばれています。地区優勝は10度、リーグ優勝は14度、ワールドシリーズは9度優勝。熱狂的なファンが多く、ヤンキースは永遠のライバルです。

最優秀投手賞である「サイ・ヤング賞」の本人、サイ・ヤングがカージナルスから移籍して1901~1908年に在籍。その1年目に投手三冠を達成し、1903年には初開催されたワールドシリーズの初代王者に輝きました。また、ルースが最初に所属した球団であり、本格的に投打二刀流をこなしていた時期はレッドソックス時代となります。ルースをはじめ、レッドソックスひとすじ19年でオールスターに19度選出された〝打撃の神様〟テッド・ウィリアムズもおり、伝統として打線を看板としたチームです。

1918年より世界一から遠ざかった現象は通称「バンビーノの呪い」と呼ばれましたが、2004年には86年ぶりにワールドシリーズを制覇し〝呪い〟を解きました。

投手では通算354勝、4672奪三振のロジャー・クレメンスがメジャーデビューから1996年まで在籍し、歴代最多のサイ・ヤング賞7度受賞のうち3度がレッドソックス時代。1999年投手三冠のペドロ・マルティネスも、レッドソックス時代にサイ・ヤング賞を2度受賞しています。

ア・リーグ中地区

■ミネソタ・ツインズ（2023年地区1位）

1901年、ア・リーグ創設とともに「ワシントン・セネタース」として誕生。当時の本拠地はワシントンD.C.でしたが、1961年に五大湖の西側に位置するミネソタ州ミネアポリスへ移転し、現在の球団名となりました。

本拠地球場はターゲット・フィールド。地区優勝13度、リーグ優勝6度、ワールドシリーズは3度制覇しています。世界中で大ヒットした映画「メジャーリーグ3」ではツインズが敵役として登場するほか、帝京高校硬式野球部出身の「とんねるず」石橋貴明さんが選手役として出演しました。

1904年に球団ワーストの38勝113敗を喫するなどの低迷期を経て、1924年にワールドシリーズ初進出で初制覇。以降は再び低迷しますが、1967年に〝安打製造機〟ロッド・カルーがメジャーデビューすると、1969、1970年に地区連覇。カルーは1978年までの在籍中に首位打者7度を獲得して孤軍奮闘しています。

1987年に63年ぶり2度目のワールドシリーズ制覇、1991年には史上初の前年最下位対決となったワールドシリーズでブレーブスを破って3度目の制覇を成し遂げました。近年は地区では強豪ですが、プレーオフでは18連敗を喫してようやく昨年に連敗ストップ。堅実な強さを持っているチームです。

■デトロイト・タイガース（2023年地区2位）

1901年、ア・リーグ創設と同時に誕生した球団の一つです。本拠地は創設当時からミシガン州デトロイト。自動車産業やロボット産業が盛んな街です。こちらも五大湖周辺であり、ガーディアンズの本拠地クリーブランドとエリー湖をはさんで対岸のような場所に位置します。**本拠地球場はコメリカ・パーク。地区優勝7度、リーグ優勝11度、ワールドシリーズ4度優勝**を飾っています。

代表的な選手は〝球聖〟タイ・カッブ。1907年から9年連続を含め首位打者12度、通算打率は歴代1位の3割6分6厘という大選手でした。チームとしても1907年から3年連続ワールドシリーズに進出（結果はいずれも敗退）しています。初の世界一は1935年。苗字の頭文字が「G」であることから「Gメン」と呼ばれた主力トリオの一人、4番グース・ゴスリンがカブスとの第6戦で世界一を決めるサヨナラ打を放ちました。

ほかにも、タイガースひとすじ22年で通算3000安打を達成した〝Mr.タイガー〟ことアル・ケーラインも有名。伝統的には打線のチームです。

1968年には最多勝&サイ・ヤング賞各2度受賞の右腕デニー・マクレーンが31勝を挙げ、打線ではケーライン、ノーム・キャッシュの中軸コンビが活躍して3度目のワールドシリーズ制覇。最後の世界一は1984年です。

近年では2011年にジャスティン・バーランダーが最多勝、最多奪三振、最優秀防御率の投手三冠を獲得しています。2012年にはミゲル・カブレラがMLB45年ぶりの三冠王となり、昨年引退。カブレラ全盛期はプレーオフに4年連続進出する強豪でしたが、最近はチーム再建が長期化し、9年連続でプレーオフには進出していません。

■**クリーブランド・ガーディアンズ（2023年地区3位）**

　1901年のア・リーグ創設と同時に誕生。1915年からは長年「インディアンス」、2022年より「ガーディアンズ」に変更しました。本拠地は創設から変わらず五大湖の一つ、エリー湖に面したオハイオ州クリーブランドにあります。アメリカの財閥ロックフェラー家の創始者を輩出した街で、かつては石油産業が盛んでした。

本拠地球場はプログレッシブ・フィールド。地区優勝は11度、リーグ優勝は6度、ワールドシリーズは2度優勝しています。

　ワールドシリーズ最後の優勝は1948年。地元クリーブランドの鉄鋼業がグローバル化によって衰退したこともあり、1954年のワールドシリーズ出場（結果は0勝4敗）を最後に低迷期に入ります。この**低迷ぶりは、1989年に世界中でヒットした映画「メジャーリーグ」**のモデルとなったそうです。

　代表的な選手は、チームひとすじ18年で最多勝6度、奪三振王7度の右腕ボブ・フェラー。1940年には開幕戦で史上初のノーヒットノーランを達成し、同年は投手三冠を飾るなど通算266勝を挙げ、その剛速球から「**火の玉投手**」と呼ばれました。

1994年に新球場がオープンすると、翌1995年には敗れはしましたが41年ぶりにワールドシリーズに進出。この時代には1999年打点王のマニー・ラミレス、1992〜1996年に5年連続盗塁王のケニー・ロフトンらが活躍しました。

■シカゴ・ホワイトソックス（2023年地区4位）

1901年のア・リーグ創設と同時に誕生し、そのシーズンにリーグ優勝を果たした「ア・リーグ初代王者」。地区制が導入された1969年からは西地区、1994年以降は中地区に所属しています。本拠地は創設当時から五大湖の一つ、ミシガン湖に面するイリノイ州シカゴ。全米第三の都市で、金融と経済を中心とした街です。

1906年に初めてワールドシリーズを制しましたが、シーズンのチーム打率は2割3分、ワールドシリーズでも第4戦までチームの安打数が1試合平均3安打に満たない貧打線だったことから、「ヒットレス・ワンダーズ（貧打の驚異）」と呼ばれました。

本拠地球場はギャランティード・レート・フィールド。地区優勝、リーグ優勝ともに6度、ワールドシリーズは3度優勝しています。

1919年には敗れたワールドシリーズで八百長疑惑が起き、8選手が追放される「ブラックソックス事件」が起きます。以降はワールドシリーズ制覇から遠ざかっていましたが、スモールベースボールで2005年にようやく88年ぶりに世界一に輝きました。

過去の名選手には1936、1943年首位打者で、メジャー20シーズンのうち打率3割が16シーズンを数える殿堂入り遊撃手ルーク・アップリング、1997年首位打者、シーズンMVPを2度獲得した強打者フランク・トーマスら。**トーマスはレジェンドにもかかわらず、日本のテレビ番組「とんねるずのスポーツ王は俺だ!」にも出演してくれたこともあります。**

球団マスコット「サウスポー」は、左投手の手（ポー）が南（サウス）を向くように球場が位置していることから名づけられたとされ、左投手を「サウスポー」と呼ぶ由来ともいわれています。

キューバ出身の選手とよく契約しており、2020年にはスタメンの1番から4番までキューバ出身選手を並べたこともあります。これはMLB史上初の出来事だそう。

■カンザスシティ・ロイヤルズ（2023年地区5位）

1969年にア・リーグの10球団から12球団へのエクスパンションで誕生しました。創設当初から本拠地はアメリカ中央部のミズーリ州カンザスシティで、西部開拓時代の最前線となった街です。

本拠地球場はカウフマン・スタジアム。外野の噴水は名物で、美しい球場としても有名です。地区優勝は7度、リーグ優勝は4度、ワールドシリーズは2度制覇しています。

拡張球団は初期に低迷しがちですが、ロイヤルズは初年度から1995年まで36年間最下位がなかった珍しい球団。1976年から10年間で6度地区優勝を飾り、当時はジョージ・ブレットが1976、1980、1990年という3つの年代で首位打者を3度受賞、1980年シーズンMVPと活躍しました。

1985年には、メジャー2年目の右腕ブレット・セイバーヘイゲンが20勝を挙げてチームの躍進に貢献し、ワールドシリーズでも第7戦でカージナルスを完封して初のワールドシリーズ制覇に導きました。セイバーヘイゲンはサイ・ヤング賞を2度受賞しています。

以降は低迷しましたが、2014年に29年ぶりにワールドシリーズ出場（結果は敗退）、翌2015年にはスピードを前面に押し出した野球で2度目の世界一に輝きました。

ア・リーグ西地区

■ヒューストン・アストロズ（2023年地区1位）

1962年にナ・リーグの拡張球団「ヒューストン・コルト45's」として誕生し、当時から本拠地はアメリカ南部メキシコ湾近隣のテキサス州ヒューストン。アメリカ第四の都市で、アメリカ航空宇宙局（NASA）のジョンソン宇宙センターがあります。球団マスコットは宇宙人がモチーフです。

本拠地球場はミニッツメイド・パーク。地区優勝12度、リーグ優勝5度、ワールドシリーズを2度制しています。

現在の球団名に変更した1965年に、世界初の屋根付き球場「アストロ・ドーム」が開場。1980年、のちに歴代1位の通算5714奪三振のノーラン・ライアンを獲得し、初の地区優勝を飾りました。ライアンはアストロズに在籍した1988年までに最優秀防御率を2度獲得、通算11度獲得した奪三振王は2度獲得。通算7度のノーヒットノーランのうち、アストロズでは1981年に1度達成しています。

1997～1999年に地区3連覇を果たすなど徐々に力をつけ、2005年に初のワールドシリーズ進出を果たしました。2013年のリーグ再編でナ・リーグ中地区からア・リーグ西地区へ移動。2017年には、首位打者3度・盗塁王2度のホセ・アルトゥーベ、シーズンは負傷続きもプレーオフは4番に座ったカルロス・コレアらの活躍で球団初のワールドシリーズ制覇を成し遂げました。

2019年オフには「サイン盗み騒動」が大きなスキャンダルとなりましたが、2022年には106勝56敗の圧倒的な成績で地区優勝し、2度目の世界一。初戴冠の2017年から7年連続でリーグ優勝決定シリーズに進出し、うち4度ワールドシリーズに駒を進めており、黄金時代を築いています。

■テキサス・レンジャーズ（**2023年地区2位**）

昨年は地区2位でしたが、ワイルドカードでプレーオフに進出。あれよあれよという間に勝ち進み、リーグ優勝決定シリーズではアストロズを4勝3敗で撃破します。ワールド

シリーズでは史上3度目の〝ワイルドカード対決〟でダイヤモンドバックスと激突。4勝1敗で大一番を制し、1961年球団創設以来初の世界一となりました。

2011年ワールドシリーズでも、世界一になれるはずでした。3勝2敗で世界一に王手をかけ、第6戦で「あと1球」のところまで2度も迫るも敗れて逆王手をかけられ、結局は第7戦も敗れるという悪夢がありました。昨年はこの悪夢を払拭した格好です。

当初は1961年のエクスパンションで第二次ワシントン・セネタースとして、本拠地ワシントンD.C.で設立されました。1972年からアメリカ南部のテキサス州、ダラス近郊の都市アーリントンへ本拠地を移し、現在の球団名に変更しています。

本拠地球場はグローブライフ・フィールド。地区優勝7度、リーグ優勝3度、ワールドシリーズ制覇は前述の通り昨年が初でした。

1989年に、のちの第43代大統領のジョージ・W・ブッシュが共同オーナーになったことも話題となりました。球団創設以来泣かず飛ばすの時期が続きましたが、1994年は、リリーフから先発に転向して2年目の左腕ケニー・ロジャースが完全試合を達成するなど地区1位に立ちました。しかし、ストライキでシーズン打ち切りに。

昨年球団史上初めてワールドシリーズを制覇したレンジャーズのブルース・ボウチー監督が優勝トロフィーを掲げる

1990年代後半は、1996、1998年シーズンMVP受賞のファン・ゴンザレス、1999年受賞のイバン・ロドリゲスら強打者ぞろいの打線を武器にプレーオフに3度進出し、強豪チームに躍進します。

近代野球ではシーズン奪三振、通算奪三振記録で歴代1位の速球王ノーラン・ライアンはテキサス州出身で、2008年に球団社長に就任。のちにCEOとなり、2013年に退任しました。近年は積極的な大補強でチームは大変身しています。

■シアトル・マリナーズ（2023年地区3位）

1977年のエクスパンションによって、カナダ国境にほど近いアメリカ西海岸の北部、ワシントン州シアトルを本拠地として創設されました。初代オーナーは喜劇役者のダニー・ケイら。港町とあって、球団名は当時から「マリナーズ」です。

本拠地球場はT－モバイル・パーク。以前はセーフコ・フィールドの名称でおなじみでした。地区優勝3度、リーグ優勝はなく、残念ながら全30球団で唯一ワールドシリーズに進出したことがありません。

球団創設以来14年連続で負け越していましたが、1995年に地区初優勝。一時期本拠地移転話が持ち上がりましたが、1992年に任天堂が買収して阻止した経緯があります。1989年に代表的なスター選手ケン・グリフィーJr.がデビュー。1990年途中から父シニアが移籍してきたことでMLB史上初の親子同一球団が実現しました。歴代2位の4875奪三振の左腕ランディ・ジョンソンは1989〜1998年途中に在籍し、通算9度受賞の最多奪三振のうち4年連続の4度、通算5度のサイ・ヤング賞のうち1度目の受賞。MLBを代表する投手となる〝原点〟の球団でもありました。

2001年にシーズンMLBタイ記録の116勝を挙げて地区優勝。この年はブレット・ブーンが打点王を獲得したほか、MLB史上初の日本人野手としてイチロー選手がメジャーデビューし、いきなり首位打者、盗塁王、シーズンMVPとアジア人史上初の栄冠を手にしました。2004年のシーズン262安打は現在もMLB歴代1位の記録です。

■**ロサンゼルス・エンゼルス**（**2023年地区4位**）

ご存じ大谷選手が2018〜2023年に在籍していた球団です。1961年のエクスパンションで「ロサンゼルス・エンゼルス」として誕生。初代オーナーは「歌うカウボーイ」と呼ばれた歌手兼俳優のジーン・オートリーでした。1965年「カリフォルニア・エンゼルス」、1997年にはウォルト・ディズニー社がオーナーとなって「アナハイム・エンゼルス」など球団名が何度か変更され、2016年から現在の名称となりました。

当初はカリフォルニア州ロサンゼルスが本拠地で、1966年からロサンゼルス近郊のアナハイムへ移転。「カリフォルニアのディズニーランド」はこのアナハイムにあります。**本拠地球場はエンゼル・スタジアム。地区優勝9度、リーグ優勝1度、ワールドシリーズは1度制覇しました。**1972年には、のちに通算奪三振歴代1位となる右腕ノーラン・ライアンがメッツから加入し、1979年までの在籍期間に通算7度のノーヒットノーランのうち4度を達成して全盛期。1979年、同年打点王、シーズンMVPを獲得したドン・ベイラーらの活躍で球団初の地区優勝を飾りました。

2002年はワイルドカードから球団初のワールドシリーズ制覇を成し遂げます。しかし、2014年を最後に9年連続でプレーオフから遠ざかりました。2000〜2018年の19年間にわたって指揮を執ったマイク・ソーシア監督時代は確かな強さがあったのですが……。

大谷選手の盟友でMVP3度受賞のトラウトは将来的に殿堂入り確実といわれています。

■**オークランド・アスレチックス**（**2023年地区5位**）

1901年、ア・リーグ創設とともに当初はペンシルバニア州フィラデルフィアで誕生。1955年にミズーリ州カンザスシティ、1968年に現在のカリフォルニア州オークランドへ移転しました。つまり、東海岸から中央部、そして西海岸へ移転したため、北米大陸を横断したことになります。

本拠地球場はオークランド・アラメダ・カウンティコロシアム。地区優勝は17度、リーグ優勝は15度、ワールドシリーズは9度制覇しています。

初年度はナップ・ラジョイが20世紀初の打撃三冠王を獲得。初代オーナーのコニー・マックは半世紀にわたって監督を兼任し、スーツ姿で指揮を執りました。破天荒なエピソードが残る左腕ルーブ・ワッデルが1902年から6年連続で奪三振王を獲得しています。

1910年代に第一次黄金期を迎え、ワールドシリーズでは連覇を含め3度世界一となり、「10万ドルの内野陣」と称賛されたそうです。1929、1930年にも連覇を果たし、1972〜1974年にはヤンキース以外のチームでは初の3連覇を果たしました。

1988年シーズンMVPのホセ・カンセコ、通算4度の本塁打王マーク・マグワイアを擁して1989年に世界一。2001年には、当時のビリー・ビーンGM主導でセイバーメトリクスを利用し、徹底したデータ分析によってチーム編成を行う改革を断行。チームは同年から4年連続でプレーオフに進出し、うち3度は地区優勝という強豪チームに成長したのです。その軌跡を描いた書籍が「マネー・ボール」で、書籍、映画ともに大ヒットしました。

現在もアスレチックス出身の選手はボール球に手を出さない選球眼、出塁率などを重視する傾向があり、球団の根底には今も「マネー・ボール」的思想は流れていると思います。

2028年には、ファンに反対されながらもネバダ州ラスベガスへ本拠地を移転する予定です。

2023年 ア・リーグ順位表

順位	東地区	勝	敗	勝率
1	ボルティモア・オリオールズ	101	61	.623
2	タンパベイ・レイズ	99	63	.611
3	トロント・ブルージェイズ	89	73	.549
4	ニューヨーク・ヤンキース	82	80	.506
5	ボストン・レッドソックス	78	84	.481

順位	中地区	勝	敗	勝率
1	ミネソタ・ツインズ	87	75	.537
2	デトロイト・タイガース	78	84	.481
3	クリーブランド・ガーディアンズ	76	86	.469
4	シカゴ・ホワイトソックス	61	101	.377
5	カンザスシティ・ロイヤルズ	56	106	.346

順位	西地区	勝	敗	勝率
1	ヒューストン・アストロズ	90	72	.556
2	テキサス・レンジャーズ	90	72	.556
3	シアトル・マリナーズ	88	74	.543
4	ロサンゼルス・エンゼルス	73	89	.451
5	オークランド・アスレチックス	50	112	.309

■アトランタ・ブレーブス（2023年地区1位）

1876年、ナ・リーグ創設と同時に加盟し、当時の本拠地はボストンでした。1800年代は強豪でしたが、20世紀になると4年連続最下位など下降線。しかし1914年、首位ジャイアンツに15ゲーム差からの大逆転でリーグ優勝を果たし、ワールドシリーズでもアスレチックスに4連勝して「ミラクル・ブレーブス」と呼ばれました。

本拠地を転々とし、1953年にミルウォーキー、1966年にアメリカ南東部のジョージア州アトランタ、そして2017年には新球場オープンに伴い、アトランタ近郊のカンバーランドへ移転しました。本拠地球場はトゥルイスト・パーク。地区優勝は23度、リーグ優勝は18度、ワールドシリーズは4度制覇しています。

1948年には通算363勝左腕ウォーレン・スパーン、右腕ジョニー・セインの左右エースで合計39勝を挙げ、「Spahn and Sain and pray for rain（スパーンとセイン、そして雨天を祈る）」という名文句が生まれました。日本で言えば「権藤、権藤、雨、権藤」のような意味です。1957年には、のちに通算755本塁打、歴代通算1位の2297

打点を放つハンク・アーロンを4番に据えて2度目のワールドシリーズを制覇しました。サイ・ヤング賞4度受賞の名投手グレッグ・マダックスら三本柱を擁した1990年代から黄金時代を築き、1991〜2005年の15年間のうち14シーズン地区優勝。1995年には3度目のワールドシリーズ制覇を飾っています。近年も2018年から地区6連覇を果たし、2021年には4度目の世界一に輝いています。

ここ最近の安定した強さの理由は選手との長期契約がうまく、チームのコアがしっかりしているからです。チームづくりのお手本的存在といえるでしょう。

■フィラデルフィア・フィリーズ（2023年地区2位）

1883年にナ・リーグに加盟し、本拠地は現在と同じペンシルバニア州フィラデルフィア。ニューヨークの南西部に位置する街で、1776年独立宣言を採択した〝アメリカ誕生の地〟。ボクシング映画「ロッキー」で主人公がトレーニング中に駆け上がる階段を備えたフィラデルフィア美術館があります。

本拠地球場はシチズンズ・バンク・パーク。地区優勝11度、リーグ優勝8度、ワールドシリーズ2度制覇。ここ2年は地区優勝をブレーブスに譲りながらも、プレーオフではブレーブスを撃破しています。

1964年、シーズン終盤まで首位を走っていましたが、10連敗を喫してカージナルスに逆転優勝を許して大失速。1970年代はサイ・ヤング賞4度受賞、通算329勝左腕スティーブ・カールトン、本塁打王8度、打点王4度、シーズンMVP3度受賞のマイク・シュミットらを擁して、1976年から地区3連覇を果たしました。

1980年にシュミット、同年サイ・ヤング賞のカールトンらの活躍でワールドシリーズを初制覇。2008年にも2度目の世界一に輝いています。

2010年に通算203勝ロイ・ハラデイがブルージェイズから加入。この年にシーズンで完全試合、プレーオフにノーヒット・ノーランを達成した史上初の投手になりました。

スター軍団となった近年はファンが熱い球団の一つ。本拠地開催の試合は、観客の声援だけで相手チームを飲み込む勢いです。ちなみに、1978年に登場した球団マスコット「フィリー・ファナティック」は、広島の「スライリー」とよく似ています。

■マイアミ・マーリンズ（2023年地区3位）

1993年にナ・リーグが12球団から14球団へエクスパンションした際に「フロリダ・マーリンズ」として誕生し、初代4番は元西武のデストラーデが務めました。2012年に現名称に変更。本拠地はフロリダ半島南東の先端に位置するマイアミで、MLB全30球団で最南端の本拠地です。海を挟んだ向こうにはバハマの島々が浮かんでいます。

本拠地球場はローンデポ・パーク。地区優勝はないにもかかわらずリーグ優勝は2度、ワールドシリーズは2度制覇。1997年、ワイルドカードから勝ち上がり、当時MLB史上最速の球団創設5年目にしてワールドシリーズを初制覇。2度目の2003年もワイルドカードからの快進撃でした。

ただ、基本的に資金が潤沢ではないため、過去には主力の高年俸選手を複数放出し、総年俸額を大幅に圧縮する「ファイアー・セール」を実施しました。

2020年にはアメリカのプロスポーツ史上初の女性GMを起用し、翌2022年以降には女性の球団要職者が就任するなど、先進的な取り組みをしています。

■ニューヨーク・メッツ（2023年地区4位）

1962年、ナ・リーグが8球団から10球団にエクスパンションした際に誕生。今でも何だかいろいろうまくいかないチームですが、その兆候は初期にも表れていました。初代監督にヤンキースを長年指揮した名将ステンゲル氏を迎えましたが、初年度は近代野球ではMLB歴代ワースト記録の120敗。しかも、4年連続100敗を喫して退任しました。

しかし1969年、右腕トム・シーバーがシーズン25勝を挙げるなどチームは100勝を挙げて快進撃。一気にワールドシリーズを初制覇し、「ミラクル・メッツ」と呼ばれました。1986年には、巨人でもプレーしたデービー・ジョンソン監督のもとで、投手陣は前年に投手三冠、スコアを書く際の三振の略称「K」をもじった愛称「ドクターK」の元祖ドワイト・グッデン、打線では1979年シーズンMVPを獲得したキース・ヘルナンデスらの活躍で2度目の制覇。王手をかけられた第6戦では、相手レッドソックスのビル・バックナーが延長10回にサヨナラ後逸。第7戦にもつれこみ、世界一をもぎ取りました。

本拠地球場はシティ・フィールド。地区優勝は6度、リーグ優勝は5度、ワールドシリーズは2度制覇。1996年途中〜2002年は、のちに千葉ロッテマリーンズ監督となるボビー・バレンタイン監督が率い、2000年にはワールドシリーズに進出（結果は敗戦）し、同じニューヨークを本拠地とするヤンキースとの「サブウェイ・シリーズ」が大舞台で実現しました。2011〜2017年には、元オリックス監督のテリー・コリンズ監督が率い、2015年のワールドシリーズに進出しています。

これまでは名門ヤンキースの陰に隠れがちでしたが、近年は資産約数兆円規模でMLBで最も裕福なオーナーといわれるスティーブ・コーエン氏が資金を投入し、チーム編成は変化しつつあります。

■**ワシントン・ナショナルズ**（**2023年地区5位**）

1969年、MLB史上初の国際球団「モントリオール・エクスポズ」として誕生し、長年にわたって本拠地はアメリカとの国境にほど近いカナダ・ケベック州モントリオール。2005年にワシントンD.C.へ移転しました。

本拠地球場はナショナルズ・パーク。地区優勝5度、リーグ優勝1度、ワールドシリーズは1度制覇。シティコネクトユニフォームのデザインはワシントンD.C.名物の桜です。

1979年から3季連続地区2位で、1981年には初めてリーグ優勝決定シリーズに進出（結果は敗退）。高い打撃力を持つ捕手ゲイリー・カーター、1987年に本塁打王・打点王・シーズンMVPを獲得するアンドレ・ドーソンらが活躍しました。

1991年には通算245勝右腕デニス・マルティネスがドジャースを相手にMLB史上13人目の完全試合を達成。1994年はシーズン途中まで74勝40敗と首位を独走していましたが、選手会によるMLB史上最長のストライキが1995年にまたがって行われ、シーズン打ち切りに。

なかなかワールドシリーズに手が届かない時期が続き、2010年代の大願成就を目指して大型契約を連発した結果、2019年に球団史上初の世界一を果たします。5月下旬時点で借金10以上と低迷しましたが、同年打点王のアンソニー・レンドン、メジャー2年目で34本塁打を放ったフアン・ソト、同最多勝右腕スティーブン・ストラスバーグ、2017年サイ・ヤング賞のシャーザーらが活躍し、頂点まで駆け上がりました。

しかし、2020年代には主力選手が流出、故障するなど、翌《よく》2020年以降は4年連続最下位となり、「2019年のナショナルズ」はもはや伝説と化しています。

ナ・リーグ中地区

■ミルウォーキー・ブルワーズ（2023年地区1位）

1969年に西海岸のワシントン州シアトルで「シアトル・パイロッツ」として誕生も、翌1970年にはカナダとの国境にまたがる五大湖のミシガン湖などに面するウィスコンシン州最大の都市ミルウォーキーへ大移動し、本拠地を移転しました。ビールの街にちなみ、球団名を「ブルワーズ（ビール醸造者）」としています。

本拠地球場はアメリカンファミリー・フィールド。名物はソーセージの着ぐるみ競走「ソーセージレース」、本塁打やチームの勝利のたびに球団マスコット「バーニー・ブルワー」が滑り降りてくる巨大滑り台があります。

地区優勝5度、リーグ優勝1度。ワールドシリーズ未制覇5球団のうちの一つで、ア・リーグ時代の1982年が最後の進出でした。

1970年代は低迷も、1981年に初の地区優勝。1974年からブルワーズひとすじ20年の看板スターであるロビン・ヨーント、〝The Ignitor（火付け役）〟こと1番打者ポール・モリターらが活躍し、のちに2人は通算3000安打を達成しています。

1987年にはMLBタイ記録の開幕13連勝を飾るなど「ブルークルー（ビール軍団）旋風」を巻き起こしました。1998年のエクスパンションに伴い、ア・リーグからナ・リーグ中地区へ。2015年途中から就任したクレイグ・カウンセル監督のもと、2018年以降は6シーズンのうち地区優勝3度、プレーオフ5度進出など高い実力を持っています。資金が豊富なわけではありませんが、近年は投手育成を中心とした堅実な編成でチームづくりをします。

■**シカゴ・カブス**（**2023年地区2位**）

1876年、ナ・リーグ創設と同時に加盟。当時からの本拠地イリノイ州シカゴは五大湖の一つ、ミシガン湖に面する全米第三の都市。金融と経済を中心とした街です。

本拠地球場は外野フェンス自体がツタに覆われているリグレー・フィールド。地区優勝8度、リーグ優勝17度、ワールドシリーズは3度制覇。シカゴにはホワイトソックスもいますが、カブスのほうが人気球団です。

黄金時代は1900年代はじめ。MLBシーズンタイ記録の116勝を挙げた1906年からリーグ3連覇を果たします。1907年にはタイガースを破って初のワールドシリーズ制覇、そして翌1908年にはMLB初の連覇を飾りました。

当時は遊撃手ジョー・ティンカー、二塁手のジョニー・エバース、一塁手兼任監督のフランク・チャンスによる「6－4－3」の併殺プレーがみどころで、「ダブルプレートリオ」として人気を博したそうです。投手では、人差し指と小指の先端をトウモロコシ粉砕機にはさまれた右手で投げていたモーデカイ・ブラウンが1906年から6年連続で20勝を挙げるなど、投打がかみ合う強さを誇っていました。

しかし、その後は1945年を最後にワールドシリーズ進出からも遠ざかります。この低迷期は「ヤギの呪い」と呼ばれました。同年のワールドシリーズ第4戦でカブスのファンがペットのヤギを連れて観戦に訪れたところ入場を断られ、「Them Cubs, they ain't gonna win no more（彼らカブスは、二度と勝つことはないだろう）」と捨てゼリフ。これが現実のものとなり、第7戦でカブスは敗れ、以来ワールドシリーズに顔を出すことすらなくなった――という言い伝えです。
しかし、ようやく2016年にジョー・マドン監督のもと、108年ぶりにワールドシリーズを制して〝呪い〟を解きました。

■シンシナティ・レッズ（2023年地区3位）

1869年、アメリカ史上初のプロ野球チーム「シンシナティ・レッドストッキングス」が誕生した地がオハイオ州シンシナティ。このチームはボストンへ移転し、のちのアトランタ・ブレーブスとなり、その移転後には現在と同じ名称のチーム「シンシナティ・レッズ」が生まれましたが1880年に消滅。2年後の1882年に現在のレッズにつながる「シンシナティ・レッドストッキングス」が誕生し、1890年のナ・リーグ加盟を機に現在の球団名に変更されました。

本拠地は当時からオハイオ州シンシナティにあり、オハイオ川の水運で栄えた商業都市です。本拠地球場はそのほとりに位置するグレート・アメリカン・ボール・パーク。地区優勝10度、リーグ優勝9度、ワールドシリーズは5度制覇しています。

1935年にMLB史上初のナイトゲームを開催。1970年代に黄金期を迎え、1975、1976年にはワールドシリーズを連覇します。のちに史上初の「両リーグでワールドシリーズ優勝監督」となったスパーキー・アンダーソン監督のもと、MLB歴代最多の通算4256安打のピート・ローズ、この連覇時にシーズンMVP2度のジョー・モーガンらによる強力打線「ビッグレッド・マシン」で旋風を巻き起こしました。

2023年現在、1990年を最後にワールドシリーズには進出できていません。2010年には左腕アロルディス・チャプマンが105・1マイル（約169・1キロ）のMLB史上最速をマーク。2019年には積極的に補強に投資しましたが実らず、チーム再建の時期に入っていますが、若手の野手がめきめきと成長しており、まぶしい未来が待っていそうです。

■ピッツバーグ・パイレーツ（2023年地区4位）

1887年、ナ・リーグに加盟。当時から本拠地はペンシルバニア州ピッツバーグで、五大湖の一つ、エリー湖の南部に位置しています。以前は工業都市でしたが、近年は

Google 支社や Uber の開発拠点などＩＴ企業の進出も増えています。

球団は１８９１年から現在の名称に変更。本拠地球場はＭＬＢで随一の景観を誇るＰＮＣパーク。地区優勝９度、リーグ優勝９度、ワールドシリーズは５度制しています。

１９０３年の第１回ワールドシリーズでボストン・ピルグリムス（現レッドソックス）に敗れましたが、１９０９年には打撃タイトルを総なめにしたホーナス・ワグナーを擁し、〝球聖〟タイ・カッブを擁するタイガースと激突。４勝３敗で初の世界一に輝きました。

１９７０年代にワールドシリーズを２度制するなど黄金時代を迎え、本塁打王２度、打点王１度の主砲ウイリー・スタージェルを中心に全盛期を迎えました。しかし、１９７９年の制覇を最後にリーグ優勝もなし。１９９３～２０１２年に20年連続負け越しとなり、データ解析による改革「ビッグデータベースボール」で２０１３年には負け越しをストップさせましたが、長続きせずチーム再建に着手しています。

球団の帽子は１９８０年代中盤まで、野球黎明期に着用された円筒形の帽子「ピルボックス・キャップ」を長年使用していました。球団マスコットは〝海賊〟らしくオウムです。

■**セントルイス・カージナルス（2023年地区5位）**

1892年にナ・リーグに加盟。球団名を変更しながら、1900年に現在の名称となりました。本拠地は当初から変わらず、アメリカ中央部東側にあるミズーリ州セントルイス。本拠地球場はブッシュ・スタジアム。地区優勝15度、リーグ優勝19度、ワールドシリーズはナ・リーグ最多優勝記録の11度制覇しています。

球団創成期は三冠王2度、現在もMLBシーズン歴代2位の打率4割2分4厘（1924年）をマークしたロジャース・ホーンスビーらが活躍していました。1926年に、指揮官となっていたホーンスビー監督のもと、「殺人打線」と呼ばれた強力打線を看板とするヤンキースを撃破してワールドシリーズ初制覇を成し遂げました。

1920～1930年代には、野手たちがスライディングをしまくってユニフォームを泥だらけにすることから「ガスハウス・ギャング」と呼ばれました。1940年代には球団最大のスター選手は首位打者7度、打点王2度、シーズンMVP3度の愛称「ザ・マン」ことスタン・ミュージアル。そのミュージアル、最多勝2度の右腕モート・クーパーらを擁し、3度の世界一に輝きました。2000年代もプレーオフの常連でしたが、昨年は2

地区制だった時代も含め1990年以来33年ぶりの最下位に沈みました。

選手たちには名門のプライド「カージナル・ウェイ」があり、泥くさく勝利を目指してプレーする。ファンを大切にして、コアなファンを広げていくという方針もあり、「ファンベース」ではMLBで最高ともいわれます。

ナ・リーグ西地区

■ロサンゼルス・ドジャース（2023年地区1位）

1890年、ナ・リーグ加盟。当時の本拠地はニューヨーク・ブルックリン。1958年、アメリカ大陸を東西に横断して本拠地を西海岸ロサンゼルスに移転して現名称となりました。本拠地球場はドジャー・スタジアム。地区優勝は21度、リーグ優勝はナ・リーグ最多の24度、ワールドシリーズは7度制しています。

1940年頃までは地味なポジションでしたが、第二次世界大戦後から上位戦線に食い込んできました。1947年にアフリカ系アメリカ人として20世紀初のメジャーリーガー、ジャッキー・ロビンソンがメジャーデビューすると、1940年代後半からのワールドシリーズ進出を支えていきます。

1955年は打点王を獲得したデューク・スナイダーをはじめとする強力打線を擁し、ワールドシリーズで宿敵ヤンキースを撃破。8度目のワールドシリーズ挑戦にして悲願の世界一となりました。

1954〜1976年にウォルター・オルストン監督、1976〜1996年にトミー・ラソーダ監督がそれぞれ長期にわたって率い、オルストン監督時代は1960年代に機動力野球で黄金時代を築き、ラソーダ監督時代は1981、1988年のワールドシリーズを制し、1995年には日本人メジャーリーガーのパイオニア・野茂英雄投手がデビューし、「トルネード旋風」を巻き起こすなど球界の中心的存在となっていきました。

資金力があり、選手市場の目玉選手をかっさらっていくため、ヤンキース同様に〝新・悪の帝国〟ともいえます。ドジャースの強みはお金だけではなく、育成力、分析力も兼ね備えていること。ただし2023年現在11年連続プレーオフ進出も、その間のワールドシリーズ制覇は2020年のみ。プレーオフではやや苦労している印象です。

■アリゾナ・ダイヤモンドバックス（2023年地区2位）

1998年にMLB28球団から30球団へのエクスパンションの際にレイズとともに誕生。本拠地は当初からアリゾナ州フェニックス。ロサンゼルスから数百キロ東に位置し、砂漠地帯の中に都市がそびえ立っています。

本拠地球場はチェイス・フィールド。右中間の外野席にはプールがあり、泳ぎながら観戦が可能です。地区優勝5度、リーグ優勝2度、ワールドシリーズ1度制覇。

球団創設2年目の1999年には早くもシーズン100勝で地区初優勝。そして2001年にはワールドシリーズで3連覇中のヤンキースを下し、MLB史上最速の球団創設4年目にして世界一の座に就きました。1999～2004年は歴代2位の通算4875奪三振の左腕ランディ・ジョンソンが在籍し、通算5度受賞したサイ・ヤング賞をダイヤモンドバックス時代に4度受賞。通算216勝右腕カート・シリングも2001年に最多勝、ワールドシリーズではジョンソンとともにワールドシリーズMVPを受賞しています。

昨年ワールドシリーズはレンジャーズに敗れはしましたが、ともにワイルドカードからの勝ち上がりで頂上決戦。チーム再建が終わり、充実の時を迎えようとしています。

■サンディエゴ・パドレス（2023年地区3位）

1969年、ナ・リーグ10球団から12球団にエクスパンションした際に誕生。チーム名の由来は、スペイン語で神父を意味する「Padre（パードレ）」。メキシコ国境にほど近い本拠地カリフォルニア州サンディエゴが、スペイン系のセラ神父によって開拓されたことにちなんで名づけられたそうです。

本拠地球場ペトコ・パークは投手有利の球場といわれています。地区優勝5度、リーグ優勝2度。ワールドシリーズ未制覇5球団のうちの一つです。

球団創設1年目から6年連続最下位と船出は厳しいものでした。1974年にあの「マクドナルド」のトップだったレイ・クロックが球団を買収。1984年は、通算8度の首位打者のうち1度目を同年に獲得したトニー・グウィンらを擁して初のリーグ優勝を果たしました。ワールドシリーズでは惜しくも敗れましたが、オーナーのクロックはこの年の1月に他界し、チームの勇姿を見ることはできませんでした。

1998年にもワールドシリーズに駒を進めましたが、ヤンキース相手に4連敗と完敗しました。近年はマニー・マチャド、ダルビッシュ有投手らと大型契約を結び、ファン・

ソトを獲得するなど積極的に補強。2020、2022年はプレーオフに進出しましたが、ワールドシリーズには届きませんでした。

■サンフランシスコ・ジャイアンツ（2023年地区4位）

1883年、ナ・リーグ加盟。当初はニューヨークを本拠地としており、1885年から「ニューヨーク・ジャイアンツ」に。1958年にはアメリカ大陸を東から西へ横断し、本拠地を西海岸の港町サンフランシスコへ移転。球団名も現在の名称になりました。

本拠地球場はオラクル・パーク。球場の右翼側はサンフランシスコ湾に面しており、海に飛び込む場外本塁打は「**スプラッシュ・ヒット**」と呼ばれています。**地区優勝は9度、リーグ優勝は23度、ワールドシリーズは8度**制しています。

1900年代はじめは万年最下位状態でしたが、1902年に就任したジョン・マグローー監督のもと、翌1903年は2位に躍進。1905年には通算373勝のクリスティ・マシューソン、同246勝のジョー・マクギニティの両右腕らの活躍でワールドシリーズ初制覇を飾りました。その後も1921、1922年に連覇するなど、1932年まで30

年間にわたってマグロー監督はチームを率いました。

1950～1960年代に活躍した万能外野手ウィリー・メイズは1954年、ワールドシリーズ第1戦でバックスクリーン際の打球を背面キャッチ。その美技は「ザ・キャッチ」と呼ばれて伝説となり、同シリーズ5度目の制覇に貢献しています。ほかにも1969年シーズンMVP、本塁打王3度、打点王2度のウィリー・マッコビーら数々のスター選手を輩出しました。1964年には、日本人メジャーリーガー第1号の村上雅則投手がデビューしています。

一時低迷期を迎えますが、2001年にバリー・ボンズがMLBシーズン歴代最多の73本塁打を放ち人気が再燃。2010年代にはワールドシリーズを3度制しました。

■コロラド・ロッキーズ（2023年地区5位）

1993年にアメリカ中央部のロッキー山脈のふもと、コロラド州デンバーを本拠地として誕生。同年の観客動員数はすさまじく、当時の本拠地球場マイル・ハイ・スタジアムに詰めかけた約448万人は史上最多のシーズン観客動員数となりました。

現在の本拠地球場は1995年に開場したクアーズ・フィールド。標高が高い球場であるため、「打者天国」と呼ばれています。地区優勝はなく、リーグ優勝は1度。ワールドシリーズ未制覇5球団のうちの一つで、2007年に初進出もレッドソックスに4連敗。これが唯一のワールドシリーズとなっています。

1995年にワイルドカードで球団創設3年目にして当時史上最速でプレーオフへ進出。2007年には、2024年シーズンに息子ジャクソンのオリオールズでのメジャーデビューが期待される父マット・ホリデーが首位打者、打点王を獲得。シーズンのラスト15戦で14勝を挙げてワイルドカードを獲得し、地区シリーズ、リーグ優勝決定シリーズをいずれも無敗で勝ち上がり、ワールドシリーズに初進出しています。

2023年 ナ・リーグ順位表

順位	東地区	勝	敗	勝率
1	アトランタ・ブレーブス	104	58	.642
2	フィラデルフィア・フィリーズ	90	72	.556
3	マイアミ・マーリンズ	84	78	.519
4	ニューヨーク・メッツ	75	87	.463
5	ワシントン・ナショナルズ	71	91	.438

順位	中地区	勝	敗	勝率
1	ミルウォーキー・ブルワーズ	92	70	.568
2	シカゴ・カブス	83	79	.512
3	シンシナティ・レッズ	82	80	.506
4	ピッツバーグ・パイレーツ	76	86	.469
5	セントルイス・カージナルス	71	91	.438

順位	西地区	勝	敗	勝率
1	ロサンゼルス・ドジャース	100	62	.617
2	アリゾナ・ダイヤモンドバックス	84	78	.519
3	サンディエゴ・パドレス	82	80	.506
4	サンフランシスコ・ジャイアンツ	79	83	.488
5	コロラド・ロッキーズ	59	103	.364

MＬＢ用語

今さら聞けない「ＭＬＢ用語」データから面白表現まで大解説！

ＭＬＢ公式サイトの成績ページを見るとたくさんのアルファベットが書かれており、何が何だか……と思われる方もいらっしゃるかもしれません。しかし、意味がわかれば、より広く深く楽しみながら観戦することができます。

これからメジャーリーグを楽しむために、ＭＬＢ公式サイトにも掲載されている「スタッツ（成績）の名称」や「おさえておきたいＭＬＢ用語」をご紹介します。

メジャーリーグを見るうえで、データの読み解きは欠かせません。代表的な統計手法は、「セイバーメトリクス」。アメリカ野球学会（ＳＡＢＲ）と「測定基準」を意味する「metrics」

を組み合わせた造語で、選手の能力をさまざまな指標で数値として表現するものです。

野球を研究してきたビル・ジェームズ氏が1970年代に自費出版して提唱したことが始まりで、徐々にブラッシュアップされながら概念が広がって「セイバーメトリクス」として確立されました。資金難だったアスレチックスがこの指標を取り入れて強豪チームに成長していく過程が、2003年にノンフィクション書籍「マネー・ボール」として出版され、球界で本格的にセイバーメトリクスが普及していきます。

そして、再び転機が訪れます。**2015年に高精度分析システム「Statcast（スタットキャスト）」**がメジャーリーグで導入され、選手の動き、打球の強さ、投げるボールの変化、回転数などグラウンド上で行われるプレーを数値化できるようになりました。スタットキャストのおかげで、選手の能力やポテンシャルの高さも数値によって示されるようになり、野球における「解」に近づいたように思います。

■データ編～投打部門

投打に共通する用語には、大谷選手のすごさが表現されている「WAR」という指標があります。Wins Above Replacementの略で、現地では「ウォー」と読みます。

これはポジションに関係なく、その選手の貢献度がどれだけ大きかったのかが一目でわかる数値です。メディアでもその内容を紹介されるメジャーリーグの統計データサイト「Baseball Reference」では、WAR2以上をレギュラークラス、5以上をオールスタークラス、8以上をMVPクラスと定義しています。

大谷選手は今季こそ打者に専念しますが、昨季までは投打にわたる活躍がすべて合算されていました。昨季は「Baseball Reference」によると10・0。つまり、スーパースターであることを意味します。もちろん、両リーグの中でトップの数値でした。

■MLB用語~打撃部門

大谷選手でよく話題になる打撃部門の数値が「打球速度」。これはExit Velocityと呼ばれ、「EV(イー・ブイ)」とも略されます。「打者が放った打球の初速」の意味です。

これが重視される理由は、長打を打つためには一定以上の打球速度が必要であり、一般的には速ければ速いほどパワーのポテンシャルがあると考えられるためです。たとえば昨

知っているとトクする　MLB用語〜データ編

対象	用語	説明
総合	セイバーメトリクス	1970年代から提唱された選手の評価指標
	スタットキャスト	2015年にMLBが導入した高精度分析システム
投手・打者	WAR	その選手が代替可能選手と比較して チームの勝利数を何勝分上積みしたのか
打者	EV	打者が放った打球の初速
	Max EV	打者が放った打球初速の最速
	バレル	打球速度と角度で長打の確率が高い組み合わせ
	バレル率	バレルゾーンの打球を打つ割合
	wRC+	平均的な選手を100として換算する攻撃力の 総合指標
	wOBA	1打席あたりの打撃の得点貢献度
	xwOBA	打球のコンタクトを加味した1打席あたりの 打撃貢献度
守備	OAA	平均よりもどれだけ多くのアウトを奪うことに 貢献したか
投手	WHIP	1イニングあたり何人の走者を許したか
	FIP	守備に左右されにくい投手個人の能力指標
	K/9	9イニングあたりの奪三振数
	K/BB	奪三振と与四球の比率
	QS	先発投手が6回以上自責点3以内
	xERA	xwOBAを投手の防御率スケールに変換したもの

年、大谷選手の平均打球速度はMLBの中でも上位1％の水準にあり、パワーで圧倒していることを意味します。

最高打球速度は「Max EV」です。そのなかで一番「意味がわからない……」と頭を抱えそうになった記録が、2022年にパイレーツで頭角を現した遊撃手オニール・クルーズが同年8月24日のブレーブス戦で放った122・4マイル（約197キロ）です。これはスタットキャスト計測史上最速で、コンタクトした次の瞬間には打球がフェンスを直撃するという〝意味不明〟な現象を起こしました。しかし、あまりに打球が速すぎて跳ね返りも大きく、シングル止まりになってしまいました。

打撃部門では、**「Barrel（バレル）」**という指標もあります。スタットキャストを導入してデータを解析した結果、打球にある一定の角度をつけて打ち上げると長打になる確率が上がることが判明しました。その角度と打球速度には相関関係があり、その数値の組み合わせを「バレル」と呼びます。

データの集計では打率5割以上、長打率1・500以上をマークした打球のうち、打球速度は98mph（約158キロ）以上、バットが当たってボールが上がっていく打球角度は26～30度を「バレル」と分類します。「バレル」のゾーンにある打球を打つことは、現代のMLBでは重要な技術となりました。

その長打になりやすい打球をどれだけ打っているかを示す数値が「バレル率」。塁を4個進むと得点するという競技の特性上、攻撃への貢献度も高くなる可能性が高まります。

選手個々人の「攻撃力」を示す指標は「wRC+（Weighted Runs Created Plus）」。「ダブリュー・アール・シー・プラス」と読みます。1打席あたりに得点を生み出す貢献度を平均的な選手を100として、それぞれ選手を評価するものです。各球場の特性による影響（パーク・ファクター）も加味して補正されるため、選手個々人の攻撃による貢献度が平均よりもどれくらいあるのかが一目でわかります。

150を超えると、もうトップ・オブ・トップの打者ばかりです。統計サイト「FanGraphs」によると、大谷選手の場合は自己最多46本塁打の2021年は150、本塁打王を獲得して打率3割もマークした昨年は180。2022年にア・リーグ最多記録62本塁打を放ったジャッジ（ヤンキース）の209はもはや異次元の数値といえます。

■MLB用語～守備部門

守備にも指標があります。スタットキャストの「Outs Above Average」、略称「OAA」は選手が平均と比べてどれだけ多くのアウトを奪うことに寄与したかを示します。内野手、外野手で計算方法が異なり、内野手は捕球までの移動距離と時間、走者が向かっている塁までの距離を基に算出。フォースプレーの場合は、塁に向かう走者の平均的なスピードも加味します。

外野手の場合は捕球確率を基本に算出します。まず、外野手の移動距離・時間、方向を基に、平均的な選手が捕球できるパーセンテージ、つまり「捕球確率」を設定する。たとえば、平均的な選手であれば75％は捕球可能な打球が飛ぶとしたら、成功すればプラス2割5分、失敗した場合はマイナス7割5分として計算していきます。

プレーごとに積み上げる指標であるため出場機会が少ない選手はゼロに近くなり、出場機会が多ければ多いほどプラスにもなりますが、大きくマイナスになる危険性もある数値ではあります。たとえば、昨季からメジャーへ移籍した吉田正尚選手（レッドソックス）は「-8」。同じ外野手のトップはブレントン・ドイル（ロッキーズ）の「15」で、昨季のゴールドグラブ賞を受賞しています。吉田選手は打率3割到達者が少ない現代のメジャーリーグにおいて前半戦は3割1分6厘、シーズンを通してもリーグ5位、外野手ではリーグトップの打率2割8分9厘の成績を挙げましたが、守備が課題とされる理由はこれらの数値に表れているそうです。

■ＭＬＢ用語～投手部門

今度は投手部門の指標です。セイバーメトリクスで1イニングあたり何人の出塁を許したかを示す指標に「ＷＨＩＰ（ウイップ）」があります。「Walks and Hits Per Inning Pitched」の略で、もちろん少なければ少ないほど良い数値です。

一般的に1・20未満であれば優秀な投手。1・00未満であれば超一流です。もっとも、被安打は投手だけの責任ではないため、低いに越したことはないけれど、現代では最重要視される指標ではなくなってきています。とはいえ、投手の安定感の目安ではあります。

防御率（ＥＲＡ）に似たスケールの指標は「ＦＩＰ（Fielding Independent Pitching、フィップ）」です。投手が比較的コントロールできるとされる奪三振、与四球、被本塁打のみで算出します。味方の守備の影響を受けにくい数値であることが特徴です。

基本的に低ければそれに越したことはなく、防御率と比較しながら見ると投手の全体像が見えてきます。防御率とＦＩＰの数値の乖離が小さければ投手自体が優秀であり、乖離が大きければ味方の守備や運に助けられている可能性があるのです。

昨年ア・リーグのサイ・ヤング賞投票で2位に入った当時ツインズのソニー・グレイ（カージナルス）は、勝ち星は8勝どまり。ただ、防御率はリーグ2位の2・79で、ＦＩＰは両リーグを通じてトップの2・83をマークしています。日本のように勝ち星ではなく、メジャーリーグではＦＩＰやＷＡＲなどの内容を重んじているわけです。

「Ｋ／９」は日本でもおなじみ、９イニングあたりの奪三振数。投手の純粋な三振奪取能力を示したもので、一線級の投手なら1イニング1個以上とみて「９」は欲しいところです。昨年ナ・リーグ最多勝（20勝）のスペンサー・ストライダー（ブレーブス）は「13・55」という、リリーフ投手顔負けの数値を叩き出しています。奪三振は投手が単独で奪えるアウトなので、野手に頼らずしてどれだけ自力でアウトを奪えるかをみることはできます。

ただ、その投手の実力全体を測りにくいことから、**最近は対戦した全打席で奪三振が占める割合「K％」**もよく用いられます。安打なども分母に入れることから、割合が高ければ全体的に優れた投手であり、かつ三振も奪えるかを判断することができます。K／9とともによく出てくる指標「BB／9」（9イニングあたりの与四球数）も目安の一つです。

奪三振にまつわるところでは「K／BB」。奪三振と与四球の比率を指し、奪三振／与四球というシンプルな数式で求めることができます。**割合が高ければ高いほど投手がボールを制御する力が高い**とされています。「3・5」以上が優秀とされており、2013年ワールドシリーズで胴上げ投手となった上原浩治投手（レッドソックス）は、そのシーズンのK／BBで11・22という驚異的な数値を叩き出しました。

この指標の欠点は、極端に分子が多い場合や分母が少ない場合は高い数値が出てしまうことです。ですのでK／BBだけではなく、K％やBB％（与四球の割合）にも目を向けたほうがいいでしょう。

大谷選手の登板時に目にした指標「QS（クオリティー・スタート）」は、先発がどれだけゲームメイクできているかを表します。通常は先発投手が6回以上を自責点3以内に抑えることを意味し、7回以上自責点2以内は「ハイクオリティー・スタート」と呼ばれます。

QS率が6割を超えてくると、計算できる先発投手という印象です。しかし、近年のMLBでは、「周回効果」を考慮して一線級の投手以外は相手打線の3巡目まで投げさせないことが増えており、先発投手の平均イニング数がどんどん短くなっています。最近ではどちらかといえば6回以上投げることよりも、最少失点に抑えるほうが重要視されているため、一昔前ほどQSは着目されていません。

MLBスタッツ用語集

表記	意味
G	出場試合数
AB	打数
R	得点
H	安打数
2B	二塁打
HR	本塁打
RBI	打点
TB	塁打数
BB	四球
HBP	死球
SO	三振
SB	盗塁
CS	盗塁失敗
AVG	打率
OBP	出塁率
SLG	長打率
OPS	出塁率+長打率
BA/RISP	得点圏打率

表記	意味
SH	犠打
SF	犠飛
GO	ゴロアウト
AO	フライアウト
GS	先発登板 試合数
IP	投球回数
CG	完投数
SHO	完封数
SV	セーブ数
R	失点
ER	自責点
IBB	故意四球
ERA	防御率
BS	セーブ失敗
H/9	9イニングあたりの被安打数
HR/9	9イニングあたりの被本塁打数
BB/9	9イニングあたりの与四球数

投打で相関関係にある指標もあります。打者が1打席あたりどれだけ打撃で得点に貢献しているかを示す「Weighted On-Base Average（ｗＯＢＡ）」。日本の野球でもよくいわれる「ＯＰＳ」は出塁率と長打率を足して「1」を上回ると超一流の選手という目安になりますが、ｗＯＢＡは計算式が複雑である代わりに安打、二塁打、三塁打、本塁打への係数が異なるなど、打者の貢献度をより表現できる数値です。平均は・330。

似た略称の指標「Expected Weighted On-Base Average（ｘｗＯＢＡ）」はさらに選手の実力が反映されやすい数値となります。ｗＯＢＡが相手の守備にも影響される打席結果で計算されるのに対し、ｘｗＯＢＡはその守備要素を排除するために打球の速度・角度、打者の走力まで加味した数式。打者のボールに対するコンタクトの質を加味するほか、ポテンシャルの意味合いも含みます。

この打者指標「ｘｗＯＢＡ」を投手指標に編み直したものが「ｘＥＲＡ」です。実際の防御率と比較すると、投手の成績に上がり目があるのか、逆に出来過ぎていたのかを判断する材料の一つになります。ベースが「ｘｗＯＢＡ」であるため、打球の質が加味されていることで、投手の打球管理能力を含めた評価が可能です。

データ用語はアルファベットが多い分、意味がわからないときは敬遠しがちですが、一たび把握すると選手の価値を深く知ることができるので、違った視点を与えてくれます。

■MLB用語～選手編①

今度はMLB中継やスポーツ紙にもよく出てくる用語をご紹介します。

昨年は大谷選手の〝魔球〟として「スイーパー」という変化球の名称をよく見聞きされたかと思います。改めてご紹介すると縦変化が少なく、大きく横滑りするスライダーのことです。WBC決勝で大谷選手がエンゼルスの同僚トラウトを三振に斬ったボールとしても有名になりました。

フリスビー・スライダーとも形容される通り、フリスビーの軌道をイメージするとわかりやすいかと思います。失点抑止効果が大きいことから、MLBで大流行しました。

メジャーリーグを何となく見ている方も、「一つの球団でいろんなユニフォームを着ているなあ」と感じていたことと思います。そのなかに、本拠地の街の歴史や文化をデザインに織り込んだ「シティコネクト・ユニフォーム」があります。

ＭＬＢとナイキが２０２１年から共同で展開している企画ユニフォームで、同年は７球団が参加。２０２２年は7球団、昨年は6球団の合計20球団が導入しています。

トミー・ジョン手術は、主に投手の選手寿命を飛躍的に伸ばした画期的な医療です。肘の靭帯損傷はかつて、選手生命が絶望的になるほどのケガでしたが、パワー＆スピードが加速し、投手の出力がどんどん上がっている現代においては、プロからアマチュアまで一度は受ける選手がいても珍しくはない手術になっています。ダルビッシュ投手は２０１５年、大谷選手も２０１８年に経験しています。

トレーニング理論には流行がありますが、現在最もアツいトレーニング施設がアメリカ・シアトルにある「ドライブライン」です。動作解析やトラッキングデータを駆使し、選手の能力を引き上げてくれます。昨季ＤｅＮＡでプレーしたサイ・ヤング賞右腕トレバー・バウアーがＭＬＢ選手として初めてここで鍛錬を積んだことで、一躍有名になりました。

今まで感覚でしか語れなかった部分をデータなどで示し、効果的なトレーニングにつなげる。時代の変化ですね。最近ではＮＰＢのチームが選手を派遣するケースもあります。

ＭＬＢの面白さに「スケールの大きさ」があります。プレー自体も選手の人生もドラマチックなところが多いメジャーリーグですが、日本では考えられないようなダイナミックな契約、つまり「大型契約」も魅力の一つです。

日本と比較しても金額のスケールが桁違い。大谷選手の「10年7億ドル」はもう意味わからないほどの規模で、はじめは理解が追いつきませんでした。通算６９６本塁打のアレックス・ロドリゲスが２０００年オフ、当時の史上最高額をほぼ倍増させる10年契約をレンジャーズと結んだときも、野球ファンはきっとこんな感じだったのでしょう。

大型契約はまさにスター選手の特権なわけですが、チームの命運を背負う義務と引き換えです。時にその選手が期待通りの活躍ができず、チームの重荷となって「不良債権」と呼ばれてしまうことがあります。その姿を見るのは、ファンにとってもつらいものです。

メジャーリーグの記事を読んでいると、よく「プロスペクト」という言葉が出てきます。これは、いわゆる「若手有望株」の選手を意味します。トッププロスペクトは、そのなかでもトップクラスの超有望選手です。

プロスペクトの重要性はファンにも認知されており、ＭＬＢ公式サイトをはじめ、さまざまな媒体が球界全体や球団ごとのプロスペクトランキングなどを公表しています。ファンは日々、次代のスター候補の成長を楽しんでいるのです。

最近では、野球専門メディア「Baseball America」、米大手メディア「ＥＳＰＮ」、ＭＬＢ公式サイト「MLB.com」内のコンテンツで発表される球界全体のプロスペクトランキングは、プロスペクト・プロモーション・インセンティブの基準にもなっています。

「開幕ロースター」の「ロースター」とは、ＭＬＢ出場枠です。ＮＰＢでは支配下70人、一軍登録29人（コロナ特例を除く）ですが、ＭＬＢは日本の支配下登録選手にあたる人数が40人。まずは40人枠＝ロースターに入らなければ、メジャーの試合に出場できません。40人枠外にマイナーの選手が多数いますが、ＮＰＢでいう育成契約の扱いに近い。日本

知っているとトクする　MLB用語～選手編①

対象	用語	説明
変化球	スイーパー	縦変化が少なく、大きく横滑りするスライダー
ユニフォーム	シティコネクト	本拠地の文化と歴史をデザインに織り込んだユニフォーム
フィジカル	トミー・ジョン手術	選手寿命を飛躍的に伸ばした肘の靭帯再建手術
	ドライブライン	アメリカ・シアトルにあるトレーニング施設
ベンチ	プロスペクト	メジャー出場がほぼない若手有望株選手
	ロースター	MLB出場40人枠。 アクティブ・ロースターは26人枠
	負傷者リスト	負傷選手を一時的にロースターから外す措置
	Two-way	二刀流のこと。2020年から「投手」「野手」に加え、新たな選手登録区分としても設けられた
移籍市場	大型契約	金額のスケールが桁違いの複数年契約
	サービスタイム	アクティブ・ロースターの通算在籍期間
	DFA	ロースターから選手を外すこと
	マイナーリーグ・オプション	3度まではウェーバーを介さずにマイナー降格できる制度
	アウトライトウェーバー	主にオプションが残っていない選手をマイナー降格させる措置

の一軍登録29人にあたる選手たちが、ＭＬＢでは「アクティブ・ロースター」（基本26人）と呼ばれます。

このアクティブ・ロースターに在籍していた期間を「サービスタイム」といいます。各選手のキャリア通算ＭＬＢ在籍日数としてカウントします。

１シーズンあたり１８７日間と設定されており、年間１７２日以上で１年間プレーしたとみなされます。サービスタイムが基本的に3年を超えると（「スーパー２」と呼ばれる例外はあるが）年俸調停権、5年ならマイナー降格拒否権、6年を超えるとＦＡ権が得られます。10年以上になると、選手年金の満額支給、直近5年間同じチームでプレーしていた場合はトレード拒否権も付与されます。とくに「10年」の区切りは、選手にとって大きなゴールの一つとされ、かつＭＬＢでのキャリアを証明するものです。野球選手のキャリアを築いていくうえで最も重要な数値といえるでしょう。

ロースターにまつわるところでは、「Designated for Assignment（ＤＦＡ）」があります。

ロースター（40人枠）から選手を外すことを意味します。単純に、ロースターに加えたい選手がほかにできた場合にDFAとされますし、日本では「事実上の戦力外」と表現されることもありますが、実際には「戦力外」より広い意味を持ちます。

外された選手の処遇は、規定の日数以内にトレード、ウェーバー公示（球団が当該選手の保有権を放棄し、その手続きを公表すること）、リリース、マイナー降格のいずれかから選択されます。

ポイントは「マイナーリーグ・オプション」が残っていない場合です。マイナーリーグ・オプションとは、40人枠の選手に対して原則として3度まではウェーバーを介さずにアクティブ・ロースターから外し、マイナーへ降格することができるという制度です。日本で言うところの、いわゆる〝二軍落ち〟であり、他球団に当該選手を奪われる心配がない。

しかし、結果が出ず、オプションが切れてしまうと、他球団に奪われる可能性が高い「DFA」とせざるを得ない。オプションが切れた選手はMLBでたらい回しになりがちです。

「ウェーバー公示」は球団が当該選手の保有権を放棄し、その手続きを公表すること。「アウトライト・ウェーバー」は、主にオプションが残っていない選手をマイナーへ降格させるための措置です。

一旦、他29球団に獲得のチャンスが与えられ、獲得を希望するチームが現れなければマイナー降格が可能となります。ウェーバーの優先順位は勝率の昇順。ウェーバーで獲得した場合、その選手の現行契約は移籍先に引き継がれます。そのため、パフォーマンスと比べて年俸ないし契約総額が高い場合、獲得を希望するチームは現れにくい。

■MLB用語～選手編②

「トレード期限（トレード・デッドライン）」は日本同様、トレードが可能な期間のデッドラインです。MLBでは毎年7月末～8月初旬に設定され、プレーオフ進出を争っている球団は後半戦以降を見据えて補強に動きます。プレーオフ争いから脱落気味の球団は将来を見据え、契約がそのシーズン限りで切れる選手を中心に放出し、将来的に貢献してくれる可能性がある若手有望株を狙いにいきます。

トレード・デッドラインによる補強の成否はその後の戦いを分ける場合もあり、202

1年のブレーブスのように7月末までプレーオフ進出すら怪しかったチーム状況から、トレード・デッドラインの補強が功を奏した結果、最終的にワールドシリーズ制覇にまでつながった例もあります。

よく耳にする用語に「**負傷者リスト**（Injured List＝IL）」があるかと思います。ケガをした選手をロースターから一時的に外す措置です。日本の出場登録抹消のような扱いで、MLBのゲームには出られないけれど、チームに保有権は残ります。

野手は最低10日間、投手は最低15日間。投手のほうが長い理由は、日本で言うところの「投げ抹消」的な使われ方を防ぐためです。長期間の離脱を要する場合は60日間のリスト、脳震とうが疑われる選手限定で7日ILもあります。

60日ILとなった場合、26人枠、そして40人枠のカウントからも外されるため、マイナーなどから40人枠に代替要員1人を追加する余地が生まれます。

負傷者リストに入ると〝お休み〟になりますが、MLBにはさまざまな休暇制度があります。よくあるところでは、「Paternity（父であることの意）Leave（休暇の意）」と呼ばれ、直訳では「父親の育児休暇」となります。ＮＰＢでプレーする外国人選手が、夫人の出産で帰国する報道を見聞きしたことがあると思います。また、忌引き制度「Bereavement（近親者との死別の意）Leave」も存在します。

日本と同じ言葉でも、実際の運用が異なる用語は「フリーエージェント（ＦＡ）」です。ＮＰＢでは、選手が宣言することによって、どの球団とも選手契約が締結できる状態、つまりＦＡとなりますが、**ＭＬＢでは一定の年数が経過した場合や契約が切れた場合に、基本的には自動的にＦＡ**となります。

自動的にＦＡになるうえに、移籍対象の選択肢が全30球団と多いからこそ、移籍市場が活発になりやすい側面もあるでしょう。そもそも、在籍年数という意味ではＭＬＢのほうがＮＰＢよりも早くＦＡ権を取得できるという違いもありますけどね。

これは、大谷選手が２０２３年オフにエンゼルスから受けたオファーとして記憶にある方もいるかもしれません。**「クオリファイング・オファー（ＱＯ）」**。ＦＡとなる選手に対して、ＭＬＢの上位１２５選手の平均年俸額で１年契約を提示できる制度です。
選手はそれを受諾して残留することもできるし、拒否してそのままＦＡとなることもできます。後者の選手が他球団と契約した場合、移籍元のチームは補償のドラフト指名権を受け取れるため、有力なＦＡ選手に対してＱＯが提示されやすい。ごく一部の選手を除いて、「ＱＯ提示からの拒否」の流れはある意味、お約束みたいなところがあります。

契約面の用語ではほかに、「ノンテンダー」という言葉があります。サービスタイム６年未満の選手は、毎年オフに翌年の契約を球団から提示される必要がありますが、その提示を受けなかった選手はノンテンダー、すなわちＦＡとなります。
一般的に、年俸調停の資格を持っている選手に対して行われることが多いです。年俸調停の資格を持つ選手は、基本的に年俸が右肩上がりとなりますが、年俸に対してパフォーマンスが見合っていないと球団が判断すれば、ノンテンダーとなることも。

新戦力獲得の方法として、「ルール５ドラフト」という制度があります。ＮＰＢの「現役ドラフト」のベースとなったものです。ちなみに、一般的に想像されるアマチュア選手対象のいわゆるドラフトは「ルール4ドラフト」と呼ばれています。

「ルール5ドラフト」は、〝飼い殺し〟を防ぐための制度です。一定期間マイナーでプレーした選手で、かつ規定日までにMLBの40人枠に入っていない選手が対象。他球団がMLBでプレーするチャンスを与えるわけです。

毎年12月初旬のウインターミーティング内で行われ、指名された選手は1年間そのチームのMLB26人枠に留まることができれば、選手の保有権自体が完全に移る。残れない場合は、原則として前所属チームに返還されます。

大谷選手の大型契約によって、「ぜいたく税」は日本でも認知度が一気にアップしました。「ぜいたく税」は通称であり、正式には戦力均衡税（Competitive Balance Tax）です。

全30球団の戦力均衡を目的としたもので、MLBでは各球団の総年俸額に一定の上限を設けています。その上限を超過したチームには、超過分の金額に対して課徴金を徴収する制度です。

知っているとトクする　MLB用語～選手編②

対象	用語	説明
移籍市場	トレード期限	毎年7月末～8月初旬に設定されるトレード可能期間のデッドライン
	FA	どの球団とも選手契約を結ぶことのできる選手の権利
	クオリファイング・オファー	FA選手に対し、MLB上位125人の平均年俸額で単年オファーすること
	ノンテンダー	球団から翌年の契約提示を受けずにFA状態になること
	ルール5ドラフト	NPBの現役ドラフトのベースになった制度
	ぜいたく税	戦力均衡を目的に各球団の総年俸額に一定の上限を設け、超過分に対して課徴金を徴収する制度
豆知識	マネー・ボール	2000年代初頭のアスレチックスがデータを基にチーム再建を成功させたノンフィクション書籍
	「Gone」	実況アナウンサーの決めゼリフ
	パークファクター	各球場における投打の偏りを数値化したもの
球団	GM	現場の最高責任者
MLB	エクスパンション	球団数を増やすこと
対戦	サブウェイシリーズ	ともに本拠地ニューヨークのヤンキースVS.メッツの通称

日本でも浸透してきた、球団の現場最高責任者「ゼネラルマネジャー＝GM」。基本的にMLBのチームづくりはフロント主導で行い、その範囲は編成だけではなく、戦略、選手起用にも及びます。そのトップがGMないしは編成本部長。彼らの手腕次第でチームの強化もできれば、弱体化することもあります。資金力のないレイズが強豪チームでいられる理由も、フロントの頭脳に力を入れているから。最近はデータが財産ともいえる時代ですが、フロントと現場が同じ方針に沿って、策を打てるかということも重要です。

アメリカの思想の基本は「拡大していくこと」にあります。MLBもそうです。「エクスパンション」とは「拡張」を意味し、球団数を増やすことを指します。

現在30球団のMLBはかねてより32球団へのエクスパンションをもくろんでいます。2023年時点では、2028年に現在のカリフォルニア州オークランドからネバダ州ラスベガスへ本拠地移転を計画するアスレチックスと、同じく2028年に新球場を建設するレイズの問題が解決次第、エクスパンション委員会を立ち上げるとしていました。

また、ＭＬＢ市場を全世界に拡大すべく、最近は海外戦略にも力を入れており、ロンドンシリーズやメキシコシティシリーズが定例的に行われるようになりました。２０２４年はドミニカ共和国と韓国開催を予定、２０２５年は日本とプエルトリコで公式戦を行う計画があると報道されています。

名物対決といえば、日本の巨人VS.阪神の関係性に近い対決がヤンキースVS.レッドソックス。ＭＬＢで最も有名なライバル関係です。

ＭＬＢを代表する「〇〇ダービー」は何といっても「サブウェイシリーズ」、ともにニューヨークに本拠地を置くヤンキースVS.メッツです。両球団の本拠地へ地下鉄でアクセスできることが由来です。

交通網でいえば、ドジャースVS.エンゼルスの「フリーウェイシリーズ」。ドジャースはロサンゼルス、エンゼルスはアナハイムではありますが、ロサンゼルス近郊に本拠地があり、州間高速道路5号線（Interstate 5、略称I－5）でつながっているため。ロイヤルズの本拠地カンザスシティとカージナルスの本拠地セントルイスも州間高速道路70号線でつながっているため、高速道路の通称を使って「I－70シリーズ」とも呼ばれます。ともにシカゴに本拠地を置くカブスVS.ホワイトソックスは「ウィンディシティシリーズ」。シカゴが「風の街」と呼ばれていることが理由で、何だか風流ですね。

大谷選手のように、分業制が進んだプロ野球においても投打にわたって出場する選手を日本では「二刀流」と表現しますが、英語では「Two-way（ツー・ウェイ）」といいます。メジャーリーグで2020年に選手登録に「二刀流」というジャンルが生まれ、2022年には投打同時出場の先発投手が降板後にDHとしてラインナップに残ることができるようになりました。いわゆる「大谷ルール」の誕生は、大谷選手の存在があったからです。

MLBの試合中継には球団専属の実況アナウンサーがおり、それぞれに「決めゼリフ」があります。それがおなじみのフレーズとなったり、ファンの共感を呼んで評判になったりすると「名文句」として語り継がれていきます。ここ数年は、本塁打のときの「Gone」が日本でも有名ですね。フェンスの向こうに「行ってしまった」「去っていった」という意味です。個人的にはヤンキースのマイケル・ケイ氏の「See-ya!」が好きですね。長年実況を担当しているため、松井秀喜選手が在籍していた2003〜2009年によく聞いた人も多いのではないかと思います。意味としては「バイバイ」「さようなら」で、本塁打のときに使われるフレーズです。

本塁打がスタンドへ消えていく様子を表現する言い回しには、同じ「さようなら」系に「Good-bye Baseball!」もあります。これを多用するマリナーズのリック・リズ氏は、イチロー選手が守備時に右翼から矢のようなノーバウンド返球を「レーザービーム」とした名付け親でもあります。

ナショナルズのボブ・カーペンター氏の名文句「See you later!」（また会いましょうの意）は、See, you, later と区切りながら発音するのがポイントです。

先にもご紹介しましたが、メジャーリーグでは球場の個性が強く、球場によって打者有利、投手有利な条件が顕著に表れます。球場ごとの傾向を落とし込んだ数値が「パークファクター」です。

統計サイト「Baseball Savant」によると、直近3年間で**最も打者に有利な球場はロッキーズの本拠地クアーズ・フィールド**。標高1600メートル級の高地に位置しているため、気圧の関係で飛球が伸びやすいといわれ、投打に偏りの少ない平均的な球場を100とした数値「パークファクター」では112とされています。本塁打の出やすさでは9番目ですが、安打全体ではトップ。安打の内訳でも単打、三塁打がトップです。

投手に最も有利な球場はマリナーズの本拠地T－モバイルパーク。クアーズ・フィールドの112に対して92。シアトルは北海道よりも高い緯度に位置し、年間平均気温が10度前後と低いことが影響しているとされています。

最後に、メジャーリーグならではのユニークな言い回しをご紹介します。序の口として、まずは「**Sweep（スウィープ）**」。日本では同一カードで3連勝をすると「3タテ」といいますが、メジャーリーグでは同一カードの連戦で全勝した場合にそう表現します。

さて、これはなかなかわからないと思いますよ。「**ゴールデン・ソンブレロ**」。ソンブレロはメキシコの名物で、つばの広いあの帽子です。これは、野球のスラングで「1試合4

三振」を意味します。サッカーなどで1人3ゴールを意味する「Ｈａｔｔｒｉｃｋ（ハットトリック）」から派生しているようで、イギリス発祥のスポーツであるクリケットで優秀なプレーをした選手に特別な帽子を贈ったことが始まりだとか。「3」ではなく「4」、だから帽子（Ｈａｔ）よりも大きいソンブレロという発想なのでしょうか。でも、「ゴールデン」の割には不名誉な記録です。

捕球の仕方に「Ｓｎｏｗ　ｃｏｎｅ　ｃａｔｃｈ」という形容があります。「Ｓｎｏｗ　ｃｏｎｅ」は、アメリカでカキ氷を入れる円錐状の器です。紙でできており、日本であればアイスクリームのコーンのような形です。

これは、守備に就いた選手が打球をグラブの先で捕球すること。あわや本塁打という大飛球をジャンピングキャッチしたとき、外野手はグラブをすぼめて先端でギリギリ捕球していますよね。あのイメージです。試合中継では、割とひんぱんに耳にする言葉です。

まだまだたくさんありますが、試合中継で面白い表現を見聞きしたときにいろいろ調べてみると、メジャーリーグの楽しみ方に奥行きが出てくると思います。

情報収集

困ったときはコレを見ればOK！各サイトから名物記者までご紹介

WBCをきっかけに、「MLBを見てみようかな」と興味を持たれた方もいらっしゃるのではないでしょうか。

ここで困るのが、「どうやってMLBの情報を追えばいいのか」問題です。なるべく最新のニュースなどを追いたいと思いながらも、どこを見ればいいのかわからない。そういった方々への参考となれば幸いです。

本題に入る前に、私のスタンスをお伝えいたします。最近は日本語のメジャー関連の情報も充実してきましたが、個人的にはできるだけ現地の英語ソースの情報を追うことがべストだと思います。日本語でYouTubeチャンネルを運営している私がそう勧めるのもナンですが、日本語の情報は精度が正直、ピンキリなのです。

とくに、ここ数年は大谷選手をダシにした、お世辞にもあまり質が高いとは言い難い記事が大手ニュースメディアなどでも配信されている現状があります。それに毎度釣られるのはあまりにもったいない。現地の情報を追っていれば、そういったものに引っ掛かる頻度もだいぶ減るはず。現地の情報を追うことを前提にご紹介します。

また、なるべく自分で情報収集したほうが面白い。趣味として楽しむなら、能動的なスタンスをとるほうがより楽しめるのではないかと思います。

今回、いくつかウェブサイトなどをご紹介しますが、あくまで一例として受け取っていただければと思います。ほかにも素晴らしいサイトはたくさんあります。今回ご紹介する情報を出発点として、みなさんの興味のおもむくままに調べていただければ幸いです。

まず1つめは、**MLBの公式サイト「MLB.com」**です。各球団に番記者を置いており、どの球団の情報でも簡単に追うことができます。歴史やトリビア系などの記事も非常に充実していて、このサイトを見るだけで一定以上の知識が得られる。何といっても公式サイトなので、情報の信憑性などの面で信頼できる点も頼もしい。

また、公式サイトに付随して各球団のほぼ全試合をライブ観戦できるサービス「MLB.tv」があります。年間で2万円ほどかかるためお高めではありますが、MLBの試合を見るならやはりここでしょう。

日本語版のサイト「MLB.jp」もあり、「Yahoo! ニュース」などに記事が配信されています。メジャーリーグ関連の日本語サイトとしては極めて優良。日本有数のMLB有識者の方々が書いていらっしゃるので、質も高いです。日本語の記事を読むなら、ここがベストでしょうね。

続いて、私も愛用しているサイトが「MLB Trade Rumors」。私が小学生くらいのときには、すでに存在していたイメージがある老舗サイトです。選手の移籍情報や移籍に関する噂、負傷者やロースター関連の情報などが幅広くまとまっています。球界内でもチェックしている方が多いそうで、オフの移籍市場や夏のトレードデッドラインなどを追う際にはかなり重宝します。

アプリ版も配信されているので、サクサク読める点も個人的には気に入っているポイントです。私の日課は、毎朝起きたら必ず「MLB Trade Rumors」をチェックすること。寝ている間に球界内で起きた出来事などをある程度キャッチアップしている感じですね。

次はX（旧Twitter）ですね。もちろん、X自体はMLBに特化しているわけではありませんが、MLB関連のサイトや記者をフォローすることでさまざまな情報を得やすくなります。「Xオワコン説」もしばしばささやかれていますが、MLB関連のニュースの第一報をつかむには有効です。たとえば、選手がトレードになった、FA選手が契約を結んだなどの情報は、最初にXに出てくることが多い。最新情報を知るうえではまだまだ有用なツールだと感じています。

各メディアの番記者の方々も、だいたいXのアカウントは持っています。移籍の第一報をよく流している印象のある記者といえば、米大手メディア「ESPN」のジェフ・パッサン記者、ニューヨーク・タイムズ紙のスポーツ部門「The Athletic」のケン・ローゼンタール記者、米国タブロイド紙「New York Post」のジョン・ヘイマン記者、公式サイト「MLB.com」のマーク・フェインサンド記者です。

一方で、フェイクニュースや記者のなりすましアカウントも多いため、そこは気をつけたいポイントです。また、最近は日本人MLBファンによるコミュニティーも昔よりずいぶん大きくなったように思います。同じ趣味を持つ〝同志〟を探すにも、Xは活躍してくれるかもしれません。

さて、今度はスポーツ関連のメディアについてお伝えします。大手ですと「ESPN」「CBS Sports」「FOX Sports」などがあります。ただ、先ほどご紹介したサイト「MLB Trade Rumors」などを見ていれば、このあたりの大手のニュースも網羅されていますので、たまにチェックする程度でしょうか。ただ、ESPNのパッサン記者の記事はぜひチェックしておきたいところです。あとはニューヨーク・タイムズ紙のスポーツ部門「The Athletic」。有料ということもあってか、質も担保されている印象です。

また、自分が応援しているチームに特化した情報を仕入れたい場合は、本拠地の地元紙もいい情報源になってくれるでしょう。マリナーズであれば、「The Seattle Times」という地元紙があります。そのライアン・ディビッシュ記者の記事はあまり忖度がなく、ストレートな見解を読むことができます。

プロ野球を普段からご覧になっている方は、選手の成績を調べる機会、あるいは調べたいと思う瞬間もあるかと思います。そこでメジャーリーグの選手成績を調べるうえで、有用なデータサイトをいくつかご紹介します。

まずは「Baseball Reference」。老舗のデータサイトで、MLBでこれまでプレーした全選手の成績のほか、チーム別のシーズンごとの細かい成績や試合結果、各賞の投票状況、ドラフト結果など、ありとあらゆる野球にまつわる記録がこのサイトに網羅されています。何かを調べる際は、まずここを見ればたいてい答えがわかるような優れたサイトです。

最近は「打球初速が何マイル」とか「投手の球のスピン量」などという情報を野球中継でも見聞きする機会が増えたと思います。そういったトラッキングデータ（追跡データ）をチェックできるサイトに「Baseball Savant」があります。トラッキングデータが存在する2015年以降の打球関連の指標や投手が投げているボールに関する細かいデータなどはすべて確認できますし、その生データもダウンロードが可能です。スタットキャストで計測したトラッキングデータの検索方法自体も充実しており、誰でも簡単にさまざまなデータ集計が可能な点においても、画期的なサイトだと感じています。

3つめはセイバーメトリクス系の指標に強みを持つ「FanGraphs」。「Baseball Savant」が主流となる前は、今よりもっと重宝されていた印象がありますが、それでも「FanGraphs」算出のWARは選手を評価するうえでも非常に重要な指標ともされています。「FanGraphs」はデータ分析系の記事に読み応えがあるので、それを目当てに見にいくことが多いです。最近サイトがようやくスマホに対応してだいぶ見やすくなりました。

選手の契約を調べたいとき、サイトではまず「Spotrac」がお勧めです。選手の年俸や契約にまつわる情報、各チームのペイロール状況が集約されています。過去のシーズンをさかのぼれる点も個人的には気に入っています。

もう一つのお勧めは「Cot's Baseball Contracts」。野球の契約に関する情報に特化し

2023年 MLB：WARランキング

順位	選手名	チーム	主な出場	WAR
1	大谷 翔平	エンゼルス	指名打者/投手	10.0
2	M.ベッツ	ドジャース	右翼手/二塁手	8.3
3	R.アクーニャ Jr.	ブレーブス	右翼手	8.2
4	G.コール	ヤンキース	投手	7.4
5	M.オルソン	ブレーブス	一塁手	7.4
〃	M.セミエン	レンジャーズ	二塁手	7.4

※ Baseball Reference を参照
※ WAR…打撃、走塁、守備、投球を総合的に評価し、代替可能選手と比較して上積みした勝利数

2023年 MLB：バレル率ランキング

順位	選手名	チーム	バレル率
1	大谷 翔平	エンゼルス	19.6%
2	Y.アルバレス	アストロズ	18.0%
3	M.チャプマン	ブルージェイズ	17.1%
4	J.バーガー	ホワイトソックス/マーリンズ	16.7%
5	M.オズナ	ブレーブス	16.6%

※バレル打球…一定の打球速度と角度を備えた長打になりやすい打球
※バレル率＝バレル打球÷全打球
※300打球以上の選手を対象

2023年 MLB：最速打球速度ランキング

順位	選手名	チーム	打球速度
1	R.アクーニャ Jr.	ブレーブス	195.1
2	G.スタントン	ヤンキース	192.3
3	E.デラクルーズ	レッズ	191.9
4	大谷 翔平	エンゼルス	190.9
5	M.オルソン	ブレーブス	190.9

※打球速度の単位はkm/h

ており、細かい契約条項もカバーしているところがうれしい。また、各種データをExcelで配布しているところも、私にとってはありがたいサイトです。

最後に、ファン歴が長くなるにつれてどんどん興味が湧いていく「プロスペクト」を見る場合は、大手なら「Baseball America」でしょうか。マイナーの若手有望株からドラフト候補、国際FA選手などプロスペクト情報といえばココ！　という印象がありますし、非常に参考になる情報も多い。

ただし、難点は年間購読料がそれなりにかかること。ネックになる場合は、**公式サイト「MLB.com」が運営するサイト「MLB Pipeline」**でも十分に情報はキャッチできます。

というわけで、私がひんぱんに見るサイトをひと通りご紹介しました。これからMLBを本格的に趣味として見ていこうとされている方々の参考に少しでもなればと思います。また、英語に慣れるとMLBは楽しみ方が増えていく。ディープなMLBの世界に浸かる人が一人でも増えたらうれしいです。

大谷の2021～23年 投打成績

［2021年］

投手主要部門

内容	成績
投球回	130.1
勝利	9
勝率	.818
奪三振数	156
奪三振率	10.77
防御率	3.18

打撃主要部門

内容	成績
打率	.257
本塁打	46
打点	100
安打数	138
出塁率	.372
長打率	.592
OPS	.965

［2022年］

投手主要部門

内容	成績
投球回	166
勝利	15
勝率	.625
奪三振数	219
奪三振率	11.87
防御率	2.33

打撃主要部門

内容	成績
打率	.273
本塁打	34
打点	95
安打数	160
出塁率	.356
長打率	.519
OPS	.875

［2023年］

投手主要部門

内容	成績
投球回	132
勝利	10
勝率	.667
奪三振数	167
奪三振率	11.39
防御率	3.14

打撃主要部門

内容	成績
打率	.304
本塁打	44
打点	95
安打数	151
出塁率	.412
長打率	.654
OPS	1.066

※MLB公式参照

移籍市場

活発な選手移籍で夏のトレード期限とストーブリーグはドラマチック

日本のプロ野球でもオフ期間中のストーブリーグ、選手補強の情報はファンにとって注目の集まるところです。私はNPBとMLBのストーブリーグをウオッチするにあたり、まったく異なる心構えで臨んでいます。

何しろ、MLBは日本の12球団の2・5倍にあたる30球団もあります。選手の数自体が多いうえに、日本とは比べ物にならないほど選手はバンバン移籍していきます。MLBの選手市場は非常に流動性が高い。ですので、移籍する可能性がある選手は2・5倍どころではなく、毎年見どころが山のようにあります。

ストーブリーグを楽しむための目線は、たとえば「自分が好きなチームに誰がフィットするか」を考えてみること。ＦＡ選手はある程度お金で解決できますが、他球団選手を獲得するトレードでは、自分が好きなチームの選手を放出する必要があるケースが多い。自分が編成担当になったような気持ちで自分のチームと相手チーム、双方の利害を考えながら妄想をふくらませていくと、日本のストーブリーグ以上に楽しめると思います。

日本はトレードがＭＬＢよりも少なく、条件を満たせば自動的にＦＡとなるＭＬＢとは違い、選手側が宣言しなければＦＡにならないため、どちらかといえばＦＡに注目が集まりがちです。

一方、ＭＬＢではトレードへの注目度は高い。日本ではまだトレードは「かわいそう」、ＦＡは「裏切り」というイメージがつく傾向がありますが、ＭＬＢはとくにトレードに関して非常にビジネスライク。「今シーズンは勝てないなら、将来のために投資しよう」とか「今がプレーオフ進出のチャンスなら、多少将来を犠牲にしてでも勝ちにいく」など、物事を非常にドライに見て判断している印象です。

ＭＬＢでは求められて移籍する場合が非常に多い。トレードされることは、ある種名誉なことであり、ポジティブに捉えるものだと感じています。出すチームもその選手の魅力や強み、価値を理解しているけれど、リターンの価値を取るためには仕方がないという発想です。それもまたビジネスライクな側面ですね。

トレードには、そのシーズンの流れを大きく変える力があるので、活発なＭＬＢの移籍市場は見ていて面白いですよ。たとえチームの立ち位置が微妙でも、球団の未来を変えるようなトレードが生まれるかもしれない。失敗した場合は、逆にチームが転落する可能性もあるのですが……。

とくに夏のトレード期限は、ＭＬＢファンにとって大きなイベント。スポーツメディアやファンの間でも、妄想や予想がたくさん生まれます。

さらに、実際にチームが動いたとき、自分の予想が当たっていた、あるいは自分が予想していなかったサプライズが起こることもある。そういった楽しみ方もありますね。

トレードにはドラマがあります。大谷選手が昨年まで所属していたエンゼルスでも、それこそ大谷選手の処遇をめぐって丁々発止がありました。大谷選手を放出する可能性が論じられていたのです。しかし、トレード市場の目玉であったホワイトソックスの先発ルーカス・ジオリト、リリーフのレイナルド・ロペスの両獲りに成功。大谷選手とともに2014年以来のプレーオフ進出を狙うのだという姿勢を明確にしました。

エンゼルスはこの時期、大谷選手がやや調子を落としていたり、2022年15勝を挙げてFAで獲得した左腕タイラー・アンダーソンがまったく期待外れだったりと、先発に課題を抱えていました。

そこに前年までに2桁勝利4度をマークし、2020年にはノーヒットノーランも達成したジオリトが加入。昨年は移籍前まで21先発で防御率は3・79、「Baseball Reference」算出のWAR（同サイトの場合は「rWAR」という表記）で2・8。ジオリトのWARを超えている投手は当時のエンゼルスにはいませんでした。2022年は結果を出せませんでしたが、昨年は見事なバウンスバックイヤーとなっていたのです。

やはり苦しい時期を迎えていたブルペンには、2022年に61試合登板でブレークした鉄腕ロペスが加わった。投手陣の課題を一気に解決しようという狙いでした。

ホワイトソックスは見返りとして、「MLB.com」でエンゼルス傘下のプロスペクトランキング2位の捕手エドガー・クエロと同3位の投手カイ・ブッシュを獲得しました。プレーオフ争いから脱落気味であったなかで、2023年オフにFAとなる予定のジオリトとロペスを放出し、球界内でも評価の高い捕手、将来的に先発ローテーション入りが担えそうな投手を獲得した。かなり上々のリターンを手にした印象です。

逆に言えば、エンゼルスは流血覚悟のトレードとなりました。貴重なトッププロスペクトのカードを切ってしまいましたし、ジオリト獲得時点でぜいたく税の課税ライン超過の可能性が高まった。クオリファイング・オファーをした選手が2024年に移籍——大谷選手がそうでした——してもドラフト指名権の補償が悪くなりそうで、将来的な要素を犠牲にしてでも、大谷、トラウトが在籍しているうちにプレーオフ進出を果たすのだという強い決意で身を切ったわけです。

しかし、大型トレードで勝負に出たエンゼルスは8月に転落していきました。トレードで獲得した2人は、ジオリトが移籍後6試合で1勝5敗。防御率6・89と不調。ロペスは

13試合登板で防御率2・77と期待通りでしたが、チームの月間成績は8勝19敗と低迷したのです。

プレーオフ進出が絶望的な状況に陥ったことで、今度は獲得したばかりのジオリト、ロペスを含めた4投手、そして野手2人の合計6選手をウェーバーにかけたのです。これによりぜいたく税を回避することができましたが、日本ではこのように短期間で「獲得→1カ月で放出」はありえないですよね。メジャーリーグにおける流動性がわかる1カ月間の出来事だったと思います。

昨年の動きを絞ってお伝えしましたが、それだけでも数々のドラマがあります。これが全30球団となると……。MLBファンが移籍市場を〝エンターテインメント〟として捉える理由もわかっていただけるかと思います。

ルール変更

試合のテンポアップ＆盗塁数激増 2024年のメジャーは「スピード」に注目

ＭＬＢの２０２３年シーズンは大きなルール改定がいくつか行われ、私たちが近年見てきたメジャーリーグの「ベースボール」に大きな変化が生まれました。

「ピッチクロック」「極端な守備シフトの制限」が導入され、「ベースのサイズ」も大きくなりました。ルール改定の背景にはインプレー以外の時間を減らし、できるだけ動きを増やそうとするＭＬＢ機構側の意図があります。このルール変更をうまく生かしたチーム、とくに若く運動能力がある選手で構成されたチームが飛躍した。ここ10年ほどと比べると、ルール改正によって野球の仕方がかなり変わったといえます。

具体例としては、昨年ア・リーグ最高勝率6割2分3厘をマークしたオリオールズ、プレーオフに進出したマーリンズ、ワールドシリーズまで進んだダイヤモンドバックス。プレーオフこそ逃しましたが、レッズも躍進したチームの一つです。こうした若いチームの台頭が目立ったシーズンでした。

ただし、最終的にワールドシリーズを制覇したチームは、お金をいっぱいつぎ込んだレンジャーズ。ここ2年間なかなか勝てず、結果も出せていなかったので、お金をかけた分、チーム再建が成功して花開いた印象です。一方で、お金をたくさんかけながらもパドレス、ヤンキース、メッツのように、なかなかうまくいかないままシーズンが終わってしまったチームもありました。

いずれにしてもルール変更に伴い、今までと同じような戦略では勝ち続けることができなくなってきた。勝てるチームの定義が少し変わってきたように思います。

まずは「ピッチクロック」。投手、打者にそれぞれ設けられた時間制限措置です。投手は走者がいない場合はボールを受け取ってから15秒、走者がいる場合は18秒（昨年は20秒）

以内に投球動作に入ること。打者と打者の間の時間も、30秒以内に投球動作に入ることとされ、守れなかった場合はいずれもボール宣告を受けることになりました。けん制も3度目でアウトにできなければボークを取られます。

打者については、投手に課せられた制限時間8秒前には投手へ注意を向けること。できない場合は、逆にストライク宣告を受ける。試合のテンポアップを目指した措置でした。

私が初めてメジャーレベルの試合中継でピッチクロックを見たのは、マリナーズとパドレスのスプリングトレーニング初戦だったと思います。ピッチクロックがバックネットに設置されていたせいか、中継にデカデカと映り、ずっとカウントダウンされる様子が目に入る。見ている側も急かされているような感覚になってしまう。この点は、やはりMLBファンからかなり叩かれていました。

しかし、メリットもありました。開幕当初のある日、マリナーズ戦を見ていたところ、日本時間の午前11時に始まった試合が午後1時過ぎに終了。1試合見終わったのに「え、まだこの時間なの」と驚いたものです。

実際に昨年の1試合平均時間は2時間40分となり、2022年よりも24分、2021年よりも30分短くなったのだそうです。これは視聴する側としてはメリットが多いルール改正でした。休日にマリナーズ戦をずっと見ていても、以前より「ああ、きょうは休みなのに結局野球しか見ていないな」という罪悪感は少し薄れたかもしれません。

「そこにあるもの」を楽しむ。ファンのなかで新しい盛り上がり方も生まれました。マリナーズとガーディアンズの開幕戦では同点の8回、投球間に時間をかけるタイプの右腕ジェームス・カリンチャク（ガーディアンズ）がリリーフ登板しました。すると、マリナーズファンは彼の投球間にずっとピッチクロックのカウントを読み上げて大合唱を始めたのです。カリンチャクが「ピッチクロック・バイオレーション（違反）」を取られた後くらいから、「8、7、6、5……」といった具合で、ずっとカウントを読み上げてプレッシャーを与えていました。

ここまではポジティブな変化を述べてきましたが、ピッチクロックにも改善の余地はあると思います。投手のケガが増えたのでは？　という声もあります。

また、ファンにとっては「ながら見」の難易度が格段にアップしました。２０２２年までなら、ほかのことをしながら試合を見るのは難しいことではありませんでした。しかし、ピッチクロック導入後は少し目を離したスキに試合がだいぶ進んでしまうこともあり、以前よりも集中して見なければならない。**試合を見ながら部屋の掃除などしようものなら、平気で１イニングも進んでいることもあります。**

カウント表示を見て、初めて何が起きたか理解することもあるので、ピッチクロックのカウントがゼロになったときに違反を明示する方法があればいいですね。

また、**試合終盤はピッチクロック制限を緩和してもいいのではないかと思うんですよね。**すでに多くの人が発言されていますが、私も同感です。

たとえば、昨年ＷＢＣ決勝の９回２死、「投手・大谷」vs.トラウトの対戦。もしピッチクロックがあったら、あの１球ごとの緊張感は味わえなかったと思います。ＮＦＬやＮＢＡでは、試合終盤には通常と異なるルールがあります。ＭＬＢでも柔軟に対応してはどうでしょう。

ベースのサイズアップも野球を大きく変えました。これまで15インチ（約38・1センチ）四方だったベースが18インチ（約45・7センチ）に変更。ベースは一辺あたり約7・6センチも大きくなり、塁間は約11・4センチ短くなった。これにより、盗塁は格段に増加したのです。

MLB全体で2000年以降最多となる3503盗塁を数え、2022年の2486個から実に1000個以上も増えました。多くのチームが、盗塁を増やす方向に舵を切っていることが見て取れます。球界全体で「盗塁しないとむしろ損」みたいな風潮です。

今までよりも30～40盗塁をする選手も増えました。もちろん、アクーニャJr.（ブレーブス）がマークした73盗塁の価値が下がるわけではありませんが、2022年以前までの70盗塁と、これからの70盗塁では見られ方が違ってくるのかなとは思います。それでも、アクーニャJr.がマークした「40本塁打・70盗塁」はスピード&パワーが魅力のメジャーリーグにおいても規格外の成績です。

盗塁数激増の理由はベースサイズの変更だけではなく、ピッチクロック、そしてけん制制限との合わせ技だと認識しています。ベースのサイズがアップしたことで、シンプルに塁間の距離が短くなったこと。そしてピッチクロック導入で、どのタイミングで投手が投球モーションに入るか、走者側からするとつかみやすくなった。加えて、けん制もしづらくなり、盗塁で次の塁を狙いにいくチームが増える流れは自然です。あまり走れないチームも含め、すべてのチームが走る方向にシフトしているともいえそうですが、あまり走れないチームは今後、不利になってくるかもしれません。

極端な内野守備シフトを禁止したことで、2022年以前ならおそらくアウトになっていたであろうゴロの打球が、内野を抜けて安打になることも増えました。ピッチクロックによる試合のテンポアップ、盗塁数の増加も含め、2022年以前よりも動きが増えたことで、試合全体がエキサイティングになりました。

昨年「40本塁打・70盗塁」の離れ業を演じ、シーズンMVPに輝いたアクーニャJr.。MLBの特徴であるスピード&パワーのかたまり

イチ推し
選手

2024年の「推し」は「イチローの愛弟子」「不撓不屈」……「ひとり4連覇」とは？

私、116Winsがみなさんにぜひ注目してほしい選手をご紹介します。マリナーズファンですので、どうしてもマリナーズ関連の選手が多くなるかもしれません（笑）。

一番推している選手はフリオ・ロドリゲス（マリナーズ）です。日本でも「イチロー選手の愛弟子」という感じでよく取り上げられています。走攻守において、どれも非常に優れた外野手。まだ23歳ですが、俊足でパワーもあるというバランスのとれたスター選手で、昨年は32本塁打、37盗塁で球団史上2人目、当時22歳以下ではMLB史上4人目となる「30・30」を達成しました。

優れたスキルだけでなく、とても楽しそうにプレーするところも魅力です。野球を愛しているというか、野球ができる喜びをプレーで表してくれます。その点は2022年のメジャーデビュー前から変わりません。最近は野球人気が下がったともいわれるなかで、「野球ってこんなに楽しいスポーツなんだ」ということを体現している。彼の最たる長所であり、私も一番好きなところです。この姿勢は次世代の野球ファン、次の野球選手に受け継がれていくでしょう。

今年からはブレーブスでプレーするジャレッド・ケルニック。2018年ドラフトではメッツから1巡目指名（全体6位）を受けるほど、高校時代から注目されていました。ドラフト後は半年ほどでマリナーズへトレードされ、未来を担う選手として非常に期待されていました。

彼はそれまで野球人生で挫折したことがなかったのですが、2021年にメジャー昇格を果たしたものの全然結果が出ず、初めて挫折を味わうことになりました。前述のロドリゲスが楽しそうにプレーする選手。ケルニックはどちらかといえば真剣にプレーするタイプ。ひとつひとつのプレーに入り込み過ぎて、うまくいかないとフラストレーションがたまったり、悪い方向に感情が出たりと、才能の大きさに感情面が追いついていなかった。昨年7月には、試合中に自分が三振したあとにウオーター・クーラーを蹴飛ばして左足を骨折したこともあります。

それでも、昨年は自己最多の105試合に出場し、自己最高の打率2割5分3厘と本来の才能を開花させようとしていました。「マリナーズの未来」と期待されていた彼が挫折して、もうケルニックはだめだとファンからもあきらめられかけていたところで、本来期待されていた姿に徐々に近づきつつある。すごく人間味があると感じるのです。

ロドリゲスはすごく順調にここまできているのに対し、ケルニックは山あり谷ありで壁にぶつかりながらもがいている。全部が全部うまくいくのが人生ではない。メジャーで初めて壁にぶち当たったからこそ、徐々に上がってきているのではないでしょうか。

今年はブレーブスでプレーすることになりましたが、自分自身とも闘いながら野球に真剣に取り組んでいる、私はそういう彼の過程が好きです。

2022年までマリナーズで5シーズンプレーし、ジャイアンツを経て今年からマリナーズに復帰したミッチ・ハニガーにも、私は非常に注目しています。あまり感情を表に出さないタイプですが、内面にすごく熱さを持っている野手です。

もともとブルワーズで2012年ドラフト上位指名を受けた選手で、はじめの3年はマイナーでも結果が出ず、メジャーなんて夢のまた夢でしたが、練習方法などを変えて徐々に力をつけ、2016年にようやくメジャーまでたどり着きました。

そこにマリナーズが目をつけ、無名の時代にトレードで獲得したのです。2018年には157試合に出場して打率2割8分5厘、26本塁打とブレーク。オールスターに初出場するまでに成長しました。

翌2019年には彼を野手の中心に据えてチームを再建しようとしたところ、自打球で睾丸破裂の重傷を負い、その影響がなかなか取れずケガとの戦いが始まりました。さらにほかにも故障してしまい、2020年シーズンは全休。2021年に復帰すると、上向きつつあったチームの中心に座りました。

当時のチームには若い選手が非常に多く、ケガを克服したハニガーは精神的な支柱となりました。シーズン終盤にプレーオフ争いをしているなかで、「ここで打ってほしい」という場面で必ずと言っていいほど打ってくれました。負けたらプレーオフ進出の可能性が完全消滅する最後の3連戦でも1点ビハインドの8回裏、2死満塁から逆転タイムリー。普段はポーカーフェースの彼がそのときばかりは感情を爆発させ、内に秘めていた熱い思いがあふれ出たのです。

無名でマリナーズに来て、ケガと2年間戦い、それでもあきらめずに再びチームを支える活躍を見せてくれた。その姿は見ている者の胸を熱くします。

再びマリナーズに帰ってきたハニガーは、きっとマリナーズのために頑張ってくれるでしょう。

昨年は、WBCで日本の優勝に盛り上がりました。そのWBCで活躍した各国代表には、数多くのメジャーリーガーたちがいました。

決勝トーナメントの熱闘はもちろんですが、1次ラウンドでもドミニカ共和国代表、ベネズエラ代表のようにメジャーのトップ選手が集結した試合や、結果的にキューバが1位通過したプールＡの激戦など、かなり楽しむことができました。

現役メジャーリーガーだけでなく、少し前にメジャーでプレーしていた選手、たとえばパナマ代表では２０１９年まで９シーズン５球団でプレーしたルーベン・テハダ、イギリス代表ではフィリーズなど５球団を渡り歩いた右腕バンス・ウォーリー……。久々に名前を聞いたなと思う選手たちがバリバリ主力としてプレーする姿を見て、懐かしい気分にもなりました。

日本代表の活躍も追うなかで、侍ジャパンで史上初の日系人代表となったラーズ・ヌートバー（カージナルス）にも注目していました。１次ラウンドプールＢの全４試合で１番打者として出場し、14打数６安打５四死球。とにかく塁に出まくって、攻撃のリズムをつくってくれたことは日本代表にとって大きかったと思います。

メジャーでの実績や高い知名度があるわけではなく、ヌートバーの代表選出には反対意見も聞かれました。そういった雑音をシャットアウトするためには、ヌートバー自身が目立った活躍をする必要があり、それを見事に実現させたわけですから、本当にすごい選手です。

正直に言うと、私自身もヌートバーがこれほどまでに魅力的な選手だとは思っていませんでした。もちろん、2022年の活躍は把握しており、108試合で14本塁打、リーグの平均的な打者を100とした打撃による得点貢献度の指標「wRC+」は123でした。しかし、打率が2割2分8厘と低めで、選出に否定的だった方々は、打率をマイナスとして受け取っていたのだと思います。

2022年は前半戦であまり調子が良くなかった。彼はプルヒッター（引っ張りが得意な打者）の傾向があり、シフトにはまってアベレージが多少下がったのでしょう。後半戦ではMLBでもトップクラスの打者として活躍しており、この期間の「wRC+」は何と138だったのです。

当時、後半戦のカージナルスでは大谷選手の師匠的存在でMLB史上最高の打者の一人と呼び声高いアルバート・プホルスが、通算700本塁打に向けて大爆発していたことが目立っていました。しかし、ヌートバーもまた打線を支えた一人でした。打球関連の指標がずば抜けていて、上位部門の数値には赤色がついているサイト「Baseball Savant」でヌートバーのページを見ると「真っ赤だなあ」という印象もありました。

2023年にさらなる成績向上が見込めそうな外野手とは思っていましたが、私も日頃からカージナルスの試合を一戦一戦追っていたわけではなかったので、今回代表で初めて彼のプレーをじっくり見たのです。それで心を奪われてしまいました。

カージナルス育ちの選手らしい、純粋にレベルの高い野球選手。あまりメジャーの試合を見ていないと、メジャーリーガーのプレーは日本と比べると「雑」という先入観を持っている方もいたかもしれませんが、日本の野球ファンも受け入れやすいプレースタイルだと感じます。

最後に、今年大記録を達成してしまうかもしれない選手をご紹介します。その名もウィル・スミス。あの俳優でもなければ、ドジャースで山本投手とバッテリーを組むかもしれない捕手でもありません。通算573試合に登板し、113セーブを稼いだ34歳のリリーフ投手です。

ウィル・スミスは今季、ロイヤルズと1年500万ドル（約7億円）で契約しました。

実はメジャーデビューがロイヤルズ。当時は先発でしたが、その後ブルペンに回され、2013年オフには青木宣親選手（ヤクルト）とのトレードでブルワーズへ移籍。以降はリリーフ一本でさまざまなチームで活躍し、ジャイアンツ時代の2019年にはオールスターにも選出されています。

ここまで聞いただけでは、「ベテランのリリーフが久々に古巣に帰ってきたんだなあ」くらいにしか思ってもらえないところですが、その大記録というのは、ここ3年の歩みを見るとよくわかります。

時をさかのぼること2021年。当時ブレーブスに在籍していたスミスはチームのクローザーとして活躍。71試合登板37セーブ、防御率3・44。プレーオフでは11試合11イニングを投げて無失点。ワールドシリーズで胴上げ投手にもなりました。

続く2022年。球団が新守護神を獲得したためセットアッパーに回されましたが、前年と比べて成績を落としてしまいます。6月末時点では防御率3・30でしたが、守備の要素を除いた投球内容の指標「FIP」との乖離が大きく、安定感に欠けるピッチングが続きました。8月にはアストロズへトレード移籍。ただ幸いにしてアストロズは世界一に輝き、スミスは〝ワールドシリーズ連覇〟という形にはなりました。

そして迎えた2023年。アストロズからFAとなったものの、なかなか契約が決まらず、3月になってようやくレンジャーズと1年150万ドル（約2億円）の契約にこぎつけました。

レンジャーズは前年に94敗。スミスはシーズン序盤からクローザーとして起用されて8月3日の時点で防御率2・70をマークしていましたし、チーム自体も大方の予想に反してア・リーグ西地区の首位を快走。しかし8月以降に一気に息切れしてしまい、8月5日以降では防御率8・31とボロボロ。あっという間にブルペン内での立ち位置を失ってしまいました。

しかし何と、レンジャーズはワイルドカードから勝ち上がって、チーム史上初めての世界一を達成。これにより、スミスは北米四大スポーツ史上初めて「異なる3チームで3連覇」を達成するという偉業を成し遂げました。

となると、今年の世界一はもしかしたらロイヤルズになるのではないか、スミスが〝ひとり4連覇〟を達成するのではないかと期待してしまうわけです。ただし、ロイヤルズの世界一は「2023年のレンジャーズ」以上に高いハードル。昨年はシーズン106敗。オフの補強にかなり注力しましたが、さすがに今年の世界一は難しい。

しかし、まだスミスの記録達成にはチャンスがあります。今夏のトレードデッドラインでコンテンダーに移籍する選択肢があるからです。

スミスが今年挑戦する「4連覇」は、チーム単位だとしても1949～1953年に5連覇したヤンキースが最後です。今年は「ひとり4連覇」の記録達成なるかについて、彼の動向を頭の片隅に入れておいたら面白いかもしれません。

第三章

知れば絶対好きになるドラマチックな選手たち

2023年
タイトル

おさえておけばメジャー通？ 〝ネクスト・イチロー〟もいるタイトル15選手

メジャーリーグは全30球団。ロースターは40人なので、メジャーリーガーは総勢1200人。そんな大勢の選手をイチから学ぶなんて気が遠くなる……。安心してください、「知っておきたい選手」を絞りました。2024年のメジャーリーグを観戦するにあたり、前年に主要タイトルを獲得した選手たちをおさえておけば一安心できると思います。

ア・リーグから参ります。まずは打率3割3分の首位打者、ヤンディ・ディアス（レイズ）は打球速度がものすごく速い選手。昨年の平均打球速度は両リーグを通じて5位タイの93・4マイル（約150キロ）をマークしています。ちなみに、大谷選手は3位の

94・4マイル（約152キロ）でした。

打球がいくら速くてもゴロが多く、角度のある打球が打てないところが課題でしたが、昨年から打球に角度をつける、つまりバレルゾーンで打てる割合（バレル率）が増加。2022年のバレル率は4・8％でしたが、昨年は9・5％までアップしました。アベレージを残せる選手が、さらに打球に角度もつけられるようになり、長打も打ちやすくなって……と諸々含めてタイトル初受賞のブレークイヤーになったと思います。


本塁打王、そしてシーズンMVPは我らが大谷選手。第一章で語っていますので、ここでは初タイトルで打点王に輝いたカイル・タッカー（アストロズ）をご紹介します。打撃はもちろん、守備もうまく足も速い、そしてパワーもあるという左の長距離砲です。

特徴は素手でバットを握っていたこと。昨年からはバッティンググローブをはめましたが、素手で握っていること自体が注目されていました。

アストロズといえば、2017年シーズンMVP獲得のほか首位打者3度、盗塁王2度のホセ・アルトゥーベが劇的な場面で打ったり、3年連続30本塁打のヨルダン・アルバレスが無慈悲な本塁打をキメたりとド派手な場面が印象的です。しかし、チームの中心選手であるタッカーも負けていません。この2人と比べたら「これ！」という名場面は少ないかもしれませんが、あくまで比較の問題。何でも高いレベルでこなせる選手です。

盗塁王は、メジャー2年目のエステウリー・ルイーズ（アスレチックス）が67盗塁で獲得しました。足はめちゃめちゃ速い。2022年にはマイナーで85盗塁をマークしており、身体能力の高さは折り紙つきでした。もちろんタイトル自体も初受賞です。

確かに俊足ですが、ほかの課題が山積みです。打率は2割5分4厘ですが、出塁率は3割9厘、OPSは.654。いくらシーズン112敗のアスレチックスといえども、WARがマイナスの選手は……。今年以降の立場はちょっと厳しくなりそうです。

投手のタイトルでは、**16勝を挙げた右腕クリス・バシット（ブルージェイズ）が自身初のタイトルとなる最多勝**を獲得しました。メジャーデビューは2014年ホワイトソックスでしたが、翌2015〜2021年はアスレチックス、2022年メッツを経て昨年にブルージェイズへ移籍しました。非常にタフなイニングイーターです。

最多勝は同じ16勝でザック・エフリン（レイズ）もタイトル初受賞しました。メジャーデビューは2016年フィリーズで、昨年からレイズ入り。2019年まで2年連続2桁勝利を挙げましたが、2022年は先発、リリーフ兼務で20試合登板のうち13先発で3勝。ここ数年は先発として活躍していたかと言われると微妙な感じの選手だったのですが、お金はないけれど工夫はするレイズが大金をポンと出して獲得したんです。

すると、〝レイズ再生工場〟ならではのチューニングを施され、昨年は先発ローテーションとしてフルで回り、故障者が続出した先発陣を支えました。

最優秀防御率は「MLBのエース」ともいえるゲリット・コール（ヤンキース）です。防御率のタイトルは2019年以来2度目。ほかにも2021年に最多勝、2019、2022年には奪三振王に輝いています。今回は初のサイ・ヤング賞も受賞しました。

今年でメジャー12年目。過去11年間のうち7シーズンはいずれも先発で30試合以上に登板するタフネス右腕。まずケガをしない。そして、イニングイーターでもあります。

奪三振王には237奪三振のケビン・ゴーズマン（ブルージェイズ）が輝きました。スプリットで三振の山を築きます。もともとオリオールズのトッププロスペクトとして期待されるも、なかなか成果が出ずに移籍を繰り返しましたが、2021年にジャイアンツで33先発の14勝、227奪三振をマークして、翌2022年から大型契約でブルージェイズ入り。大型契約を結んだ投手は故障し、想定した活躍をしてくれないのが世の常ですが、ゴーズマンはタイトルを初受賞、契約以上の働きをしてくれる頼もしいエースです。

セーブ王はエマヌエル・クラセ（ガーディアンズ）が2年連続2度目の受賞です。クラセといえば、100マイル（約160・9キロ）のカットボール。100マイルのフォーシームを投げるだけでもすごいのに、カットボールでも100マイルというとんでもない投手です。2019年にレンジャーズでメジャーデビューして以来、抜群の安定感でしたが、昨年はセーブに12度失敗し、ちょっと喜べないシーズンではありました。

MLB2023年 タイトルホルダー一覧表

［ア・リーグ］

タイトル	選手	チーム	成績
首位打者	ヤンディ・ディアス	レイズ	打率.330
本塁打王	**大谷翔平**	**エンゼルス**	**44本塁打**
打点王	カイル・タッカー	アストロズ	112打点
盗塁王	エステウリー・ルイーズ	アスレチックス	67盗塁
最多勝	クリス・バシット	ブルージェイズ	16勝
最多勝	ザック・エフリン	レイズ	16勝
最優秀防御率	ゲリット・コール	ヤンキース	防御率2.63
最多奪三振	ケビン・ゴーズマン	ブルージェイズ	237奪三振
最多セーブ	エマヌエル・クラセ	ガーディアンズ	44セーブ

［ナ・リーグ］

タイトル	選手	チーム	成績
首位打者	ルイス・アラエス	マーリンズ	打率.354
本塁打王	マット・オルソン	ブレーブス	54本塁打
打点王	マット・オルソン	ブレーブス	139打点
盗塁王	ロナルド・アクーニャJr.	ブレーブス	73盗塁
最多勝	スペンサー・ストライダー	ブレーブス	20勝
最優秀防御率	ブレイク・スネル	パドレス	防御率2.25
最多奪三振	スペンサー・ストライダー	ブレーブス	281奪三振
最多セーブ	デビッド・ベッドナー	パイレーツ	39セーブ
最多セーブ	カミロ・ドバル	ジャイアンツ	39セーブ

ナ・リーグではブレーブスから打撃二冠王、投手二冠王が誕生しました。

マット・オルソン（ブレーブス）は54本塁打、139打点で打撃二冠王を獲得しました。タイトル初受賞でいきなり二冠。本塁打数では、44本塁打でア・リーグ本塁打王の大谷選手を上回り、MLB全体のトップでした。

神主打法のようなバッティングフォームがすごくカッコイイんです。見た目通りにパワフルな打撃を見せてくれます。2021年まで6シーズン在籍していたアスレチックス育ちらしく、選球眼もいい。一塁の守備面でも安定感があります。

投手二冠王は、最多勝、最多奪三振でタイトル初受賞のスペンサー・ストライダー（ブレーブス）です。大男がそろうメジャーリーグの先発投手において身長は183センチですし、ゲームの「スーパーマリオ」のような口ひげも相まってかわいらしく見えます。

しかし、その外見からは想像できないような爆発的なフォーシームを投げ、三振の山を築く。自分よりも大柄なメジャーの打者を手玉に取っていく姿には爽快感すら覚えます。

しかも球種はほぼほぼフォーシームとスライダー。9割以上といっても過言ではありません。先発投手では考えられないですよね。

首位打者は3割5分4厘をマークしたルイス・アラエス（マーリンズ）が2年連続で獲得しました。2022年はア・リーグのツインズ時代に獲得（3割1分6厘）しており、異なるリーグで2年連続首位打者は史上初の快挙でした。

今のMLBではどんな選手も平均で約20%前後は三振しますし、三振してもパワーがあればトータルでプラスだよねという考えがあります。しかも投手もレベルが高いなかで、アラエスは昨年の三振率が5・5%しかない。「三振しない男」なんです。

現代のイチロー選手のような選手ですが、イチロー選手の場合は足もあったので内野安打で稼いだ分もあるかと思います。アラエスは足が遅いにもかかわらず高打率ですので、バットコントロールが天才的なのでしょう。

2023年は、ロナルド・アクーニャJr.（ブレーブス）が大きな話題となりました。何と73盗塁で2019年以来2度目の盗塁王、そしてシーズンMVPを獲得しています。話題となった理由は桁外れの盗塁数だけでなく、本塁打も41本放って史上初の「40・70」を達成したからです。

5ツールすべてそろったスーパースターだからこそ成し得た偉業。しかも、2021年には右膝の前十字靭帯を断裂しています。足の速さを計る指標「スプリントスピード」では、昔と比べると落ち込んでいる。にもかかわらず、73盗塁を決めるレベルまで持ってきたところが一番素晴らしいと思います。

最優秀防御率、そしてサイ・ヤング賞はブレイク・スネル（パドレスFA）がいずれも2018年以来2度目の獲得となりました。レイズ時代の2018年は最多勝も受賞していましたが、2021年パドレス移籍後は制球に難があるとされ、昨年も99四球を与えました。しかし、パドレスのコーチから「いくら四球を出しても、そのあと抑えればいい」と励まされ、再びサイ・ヤング賞投手としての姿を取り戻した感があります。

サイ・ヤング賞を複数回獲得できる選手は、MLBの歴史において特別な存在。スネルもそのクラスに入ったということになります。

セーブ王は39セーブで2人いまして、1人めは初受賞のデビッド・ベッドナー（パイレーツ）。2021年にパドレスから移籍してきた当初は実績がほとんどありませんでしたが、いきなり61試合登板で覚醒。フォーシームをストライクゾーン高めへコンスタントに投げ続けることで結果を出してきました。さすが若手育成に長けている〝安心と信頼のパドレス産〟です。セーブ失敗が少ない安定感のあるクローザーで、2年連続オールスターにも選出されています。

もう1人はカミロ・ドバル（ジャイアンツ）。パッと見だとメジャーリーガーの中では線が細く、腕もほっそり見えるかもしれませんが、投げるボールは暴力的ともいえるほどの勢いでスライダー、カットボール、シンカーをグネグネ曲げながら打者を制圧します。

ア・リーグのセーブ王クラセは100マイルのカットボールを投げますが、ドバルも99・8マイル（約160・6キロ）。なのに球種としてはスライダーが一番多いという不思議な投手でもあります。今一番いい球種をどんどん投げていこうという、今のメジャーリーグっぽい感じです。

異色の選手

「隻腕」「ボート事故」「ミニマリスト」……人生の振り幅が大きい厳選12選手

メジャーリーグにはスケールが大きな選手がたくさんいます。

外見でいえば、どの選手もまず筋肉がすごいですよね。たとえばカージナルス時代の2021年に34本塁打を放ったタイラー・オニール（レッドソックス）はものすごい体。お父さんも以前、ボディビルでカナダチャンピオンになったことがあるそうです。

2017年シーズンMVPのジャンカルロ・スタントン（ヤンキース）は、マーリンズ時代の2013年に米大手メディア「ESPN」の雑誌の表紙にセミヌードで登場したことがありました。飛び散る水で演出されていたので、もちろん局部は隠されていましたが、筋肉の見本のような体です。スタントンはとんでもない本塁打を放つ選手なので、そのパワーの源といえます。

〝人類最速169キロ左腕〟アロルディス・チャプマン（パイレーツ）がトレーニングしている写真もスゴイですよ。ものすごい上腕二頭筋。日本では以前、投手はウエートトレーニングをしないほうがいいという文化がありましたが、それと真逆の二の腕です。

また、1試合20奪三振、史上最年少での全球団勝利などなど伝説をつくり続ける右腕シャーザー（レンジャーズ）は、左右の目の色が違う「オッドアイ」です。先天性で瞳の光彩が左右で異なっていて、右が青色、左が茶色。光彩異色症と呼ばれる症状ですが、本人はトレードマークとして受け入れています。

メジャーリーガーは人生もドラマチックです。

20世紀初のアフリカ系選手となったジャッキー・ロビンソンも、メジャーリーグにおける偉人の一人です。人種差別が激しい時代に1947〜1956年に現在のドジャースで活躍し、1947年には盗塁王に輝き、同年から制定された新人王も獲得しました。新人王が「ジャッキー・ロビンソン賞」と呼ばれるゆえんです。1949年には首位打者と2

度目の盗塁王の二冠、シーズンMVPも獲得。通算137本塁打、打率3割1分1厘の成績を残しました。彼の功績を称え、背番号「42」はメジャー全30球団で永久欠番になっているため、NPBでプレーする外国人選手が「42」をつける場合が多い理由でもあります。

有名なところでは、先天性で右手が欠損していた隻腕投手ジム・アボット。グラブは右手首と体ではさむように持ち、左手でボールを投じる。直後、瞬時に左手にグラブにはめて守備の体勢を取ります。1989〜1999年の間にメジャー実働10年間で87勝を挙げ、1993年にはノーヒットノーランも達成しました。

個人的には、数年の現役生活で強烈なインパクトを残した右腕ホセ・フェルナンデスも忘れられません。家族でキューバから命がけで亡命しようとして3度失敗し、4度目でようやく成功。2013年にマーリンズでメジャーデビューを果たすと、そのシーズンに28先発で12勝、防御率2・19で新人王を獲得しました。

2016年には29先発で16勝、防御率2・86、そして253奪三振。最速100マイル（約160・9キロ）以上のフォーシームと大きく変化するスラーブ（スライダーとカーブを合わせたような変化球）を武器とした投手でしたが、シーズン中の同年9月にボート事故で他界してしまったのです。

今はYouTubeなどでもピッチングを見ることができます。日本ではYouTubeがあることで伊藤智仁さん（現・ヤクルト一軍投手コーチ）のスライダーが再注目されるようになりました。メジャーでも有数の若手先発として「将来は殿堂入りかも」とみんなをワクワクさせてくれたフェルナンデスも、伊藤さんのような感じで後世まで語り継がれてほしい投手です。

ジェットコースターのような人生の選手が多いこともメジャーリーグの特徴です。人生が日本よりも自由なのかもしれません。

２０１６年から2シーズン、日本ハムでプレーした右腕クリス・マーティン（レッドソックス）は、アマチュア時代にケガで野球自体をあきらめたことがありました。仕事を転々としながら倉庫会社に勤務していたとき、同僚とキャッチボールをして肩の痛みが消えたことに気づいた。再びプロを目指して、28歳になる２０１４年にロッキーズでメジャーデビューを果たしたのです。

今ではメジャーリーグでも有数のリリーフ投手。偶然の巡り合わせが今の地位をつくったという例です。

学校つながりでは、高校教師からメジャーリーガーになったジム・モリスがいます。マイナーで野球のキャリアを終えたモリスが高校教師となり、野球部でコーチをしていたときのことです。ある大会で優勝したら、「モリス先生」はプロに再挑戦すると生徒たちと約束したところ、チームは優勝。約束を守ってトライアウトを受けたら合格し、1999年にデビルレイズ（現レイズ）でメジャーデビューを飾った――あまりにドラマチックなエピソードは、映画「オールド・ルーキー」にもなりました。

リリーフ右腕ダニエル・バード（ロッキーズ）はイップスにキャリアを翻弄されました。松坂大輔投手がレッドソックスにいた時期に若いセットアッパーとして活躍していたのですが、イップスになってしまった。メジャーリーグでの出場は2013年を最後に、20

18年に現役を引退。自分の経験を生かして、ダイヤモンドバックスでメンタル部門のコーチになりました。

その後、選手にボールを投げてみたら、まだ投げられる自分に気づいて2020年に現役復帰します。昨年のWBCではアメリカ代表に選ばれました。イップスから復帰するだけでなく、MVP投票でも得票のあるトップレベルで復帰したという例はなかなかないと思います。

一風変わったところでは、**オフシーズンは車で暮らすダニエル・ノリス**（**ガーディアンズ**）がいます。究極のミニマリストなのか、フォルクス・ワーゲンのバンで過ごす姿がニュースで紹介されました。近年はマイナーと行き来して苦戦していますが、2019年にはタイガースで29先発するなど先発ローテーション入りしていた左腕です。しかも、その車は2011年ドラフト指名の契約金で買って長年使っているというから、もう筋金入りです。

ずっと挙げても、こんなにいるんです。日本ではプロになるためのルートがある程度決まっているので、このような劇的な人生を歩む選手が出にくい部分があるのかもしれません。支配下登録も70人ですし、球団数も12球団。アメリカはマイナーの球団数自体は減りましたが、それでもメジャー30球団にそれぞれのランクのマイナーがあるので裾野は広い。

腕組みポーズでおなじみのランディ・アロザレーナ（レイズ）も2014年に父を亡くし、キューバから亡命してきた選手です。船で8時間漂流してメキシコにたどり着き、2019年にメジャーデビューを果たしました。昨年のWBCにはメキシコ代表として出場し、準決勝で日本の岡本和真選手（巨人）の本塁打級の打球をジャンピングキャッチして、腕組みポーズを決めていました。

彼は家族のために、命をかけて亡命を決意した。そこまでの決意をすることは、日本ではなかなかないじゃないですか。並外れたハングリー精神があるからこそメジャーリーグで活躍できる。だから、ドラマチックな選手が多いのだと思います。

昨年 WBC でも見せた「腕組みポーズ」のアロザレーナ。腕組みはポーカーフェースでやってみせるのが常

マニアック記録

ユニークな記録ホルダーから〝劇的ビフォー・アフター〟まで

ここまではMLBのセオリーをご紹介してきましたが、今度は「MLB通」になれるユニークな選手成績をご紹介します。

マリナーズの一塁手**タイ・フランスはメジャーきっての？「死球王」**です。打席でかなりプレート寄りに立つためですが、昨年はその〝当てられ屋〟ぶりが全開となりました。2021年に本格的にMLBに定着して以来、毎年20個以上を食らっていましたが、昨年はついに大台に乗せました。158試合出場で死球は何と34個。1900年以降のMLBでは、シーズンで死球を30個以上食らった選手は過去に9人しかおらず、フランスが史上10人目となりました。シーズン34個は同じ期間でMLB3位のタイ記録です。ただ、これだけ死球を食らったにもかかわらず、肝心のバッティングはチームの中心打者として引っ張るはずが、リーグ平均程度にとどまってしまいました……。今年は期待したいところです。

次は「**満塁男**」、**ツインズの内野手ロイス・ルイス**。昨年58試合217打数のうち、満塁本塁打を4本も放っています。

公式サイト「MLB.com」のアンソニー・カストロビンス記者によれば、シーズン450打数未満で満塁本塁打を4本以上放った選手は過去にいないらしく、しかもルイスはその450打数の半分以下でマークしたのだから驚きです。さらに、この4本はたった18試合のスパンで打ったというから、もうとんでもなくレアな記録ですよね。

アンバランスな記録をつくってしまった投手の一人が**ランス・リン**。昨年はホワイトソックスとドジャースでプレーしましたが、シーズン180イニング以上を投げた先発投手ではなかなかお目にかかれない防御率5・73という成績になってしまいました。

しかし、まったく抑えられなかったのかといえばそうではなく、191奪三振はMLB全体でも20位と悪くない。1900年以降でシーズンの防御率が5・50以上でありつつ、190奪三振以上をマークした初めての投手になりました。

ここまで失点がかさんだ理由は、MLBワーストの44被本塁打。プレーオフでも1イニング4被弾の新記録をつくってしまいました。

昨年のサイ・ヤング賞投手、ブレイク・スネル（パドレス）も実は「アンバランス記録」をつくりました。防御率はMLB全体でトップの2・25。一方で、MLBワーストの99四球を与えてしまいました。シーズン90個以上の与四球で防御率を2・30以内に抑えるあたりは、いずれも歴代トップの通算5714奪三振、ノーヒットノーラン7度を記録した名投手ノーラン・ライアン級ですが、これをすべて満たした投手はライアンと昨年のスネルだけのようです。

アンバランスな打者はカイル・シュワーバー（フィリーズ）。2022年は打率2割2分未満の選手では当時史上最多のシーズン46本塁打、昨年は打率1割9分7厘で47本塁打をマークしました。これは打率2割未満の選手では史上最多のシーズン本塁打数。まさか

2022年を上回る〝謎インパクト〟を残すとは思ってもみませんでした。

一方、バウンスバックを見せた選手もいます。2019年MVPのコディ・ベリンジャー（カブスFA）はここ数年アベレージが低すぎて、総合的な攻撃面での貢献度はリーグ平均以下となり、ドジャースも彼をあきらめてノンテンダーにするほどでした。しかし、昨年はカブスが彼のバウンスバックにかけて1年契約を結んだところ、三振数が激減。130試合で打率3割7厘、26本塁打、「Baseball Reference」算出のWARも4・4とオールスターレベルの活躍を取り戻しました。

左のリリーフ投手タナー・スコット（マーリンズ）には〝劇的ビフォー・アフター〟級の改善がみられました。ボール自体は超一流、しかし制球力が大きな課題でした。昨年は奪三振能力を維持しながら与四球を半減させ、74試合登板で防御率2・31。「Baseball Reference」算出のWAR3・6はMLB全リリーフトップの好成績です。

今まではストライクを投げることに苦労していましたが、キャリア最高のゾーン内割合、さらに初球ストライク率は7割超。ここまで変わるのかと驚かされたものです。

日本人動向

「ネクスト・メジャーリーガー」は？現役メジャーリーガーの今季も予測

日本人選手はメジャーリーグでどう評価されているのか。投手は1995年ドジャースでメジャーデビューを果たし、「トルネード旋風」を巻き起こした野茂英雄投手のインパクトもあってか、松坂投手（レッドソックス）、ダルビッシュ投手（パドレス）、田中将大投手（東北楽天ゴールデンイーグルス）らはメジャー移籍の際、当時の相場ではかなり良い契約をもらっています。WBCでトラッキングデータを測定できるようになったことも、さらにNPB投手の評価を高めた理由の一つかもしれません。

ロッテの佐々木朗希投手も、少なくとも3年後にはポスティング・システムを利用してのメジャー移籍を考えていると思います。山本投手（ドジャース）と同等か、それ以上のポテンシャルと評価されるでしょう。25歳未満の海外選手がメジャー球団と契約する場合は契約金と年俸を含め最大でも500万ドル（約7億円）程度に制限される制度「25歳ルール」をクリアしてからポスティングをするのであれば、NPBにおける今後のキャリア次第では3億ドル（約435億円）規模の契約が見込まれそうです。

今永昇太投手も、球団が選択権を行使すれば最大で5年総額8000万ドル（約116億円）という大型契約でカブス入りしました。昨年WBCで計測されたトラッキングデータからフォーシームのスピン量がMLBでも上位レベルにあることがわかり、注目されていたのです。今永投手は活躍すると思いますが、今オフの契約総額を見ていると、日本の一線級で活躍するより、メジャーで芽が出ない可能性があっても、そちらのほうがもらえる金額がはるかに大きい状態になっています。以前なら「メジャーへ行きたい」と言わなかった投手たちもMLBへの移籍を希望し始めるだろう、とは思いました。

村上宗隆選手（ヤクルト）は1964年の王貞治さんを上回る56本塁打、史上最年少三冠王に輝いた2022年と比較すると、昨年は物足りなさが残ってしまう成績だったと思

	勝率	被安打	被本塁打	奪三振	与四球	与死球	失点	自責	被打率	QS(%)	防御率	WHIP
	.667	85	18	167	55	11	50	46	.184	52.2	3.14	1.06
	.444	134	18	141	43	8	71	69	.259	41.7	4.56	1.30
	.632	126	17	202	77	5	60	55	.208	55.2	2.98	1.22
	.647	165	27	181	48	4	78	72	.255	28.1	3.86	1.27
	.429	94	17	117	28	3	50	49	.239	30.0	4.23	1.17
	.467	73	9	83	45	7	65	63	.242	14.3	7.18	1.49

	二塁打	三塁打	本塁打	打点	四球	死球	三振	盗塁	打率	出塁率	長打率	OPS
	26	8	44	95	91	3	143	20	.304	.412	.654	1.066
	33	3	15	72	34	7	81	8	.289	.338	.445	.783
	31	6	20	74	59	2	130	6	.285	.357	.485	.842
	23	1	14	46	72	1	99	11	.261	.367	.418	.785

2023年の日本人投手成績

選手名	所属球団	試合	先発	投球回	勝	敗	完投	完封
大谷翔平	エンゼルス	23	23	132.0	10	5	1	1
ダルビッシュ有	パドレス	24	24	136.1	8	10	0	0
千賀滉大	メッツ	29	29	166.1	12	7	0	0
菊池雄星（△）	ブルージェイズ	32	32	167.2	11	6	0	0
前田健太	ツインズ	21	20	104.1	6	8	0	0
藤浪晋太郎	アスレチックス/オリオールズ	64	7	79.0	7	8	0	0

※MLB公式参照。△は左投げ

2023年の日本人打者成績

選手名	所属球団	試合	打席	打数	得点	安打
大谷翔平	エンゼルス	135	599	497	102	151
吉田正尚	レッドソックス	140	580	537	71	155
鈴木誠也	カブス	138	583	515	75	147
ラーズ・ヌートバー	カージナルス	117	503	426	74	111

※MLB公式参照

います。ただ、WBC決勝で放った本塁打が185キロを計測したように、打球速度はメジャーリーグのパワーヒッターのなかでも上位に食い込んでくるレベル。打撃のパワーにおいては、間違いなく高い評価を受けるはずです。

課題は守備ですよね。メジャーリーグの三塁手は高い打撃力に加え、一定水準以上の守備力も求められる。そうなると、一塁かDH限定の可能性が高いとみなされ、市場価値が上がらなくなってしまう。契約総額も、NPBからメジャーへ移籍した投手たちが受け取る金額より少ない印象になってしまうかもしれません。三塁を平均程度に守れて、かつあのパワフルな打撃があれば1億ドル（約145億円）の大台に乗る話が出てきそうです。

佐々木投手はメジャー志向が強いと報道されていますが、次なるメジャー挑戦候補者といえば、オリックスの山下舜平大投手。すでに「FanGraphs」が発表している国際選手のランキングの上位で評価されています。まだ今年で22歳と若いため今後の成長曲線にもよりますが、現段階で素材はメジャーのトップクラスという評価です。

パドレス入りした松井裕樹投手は昨年のＷＢＣで公式球に苦戦し、１試合登板にとどまりましたが、登板試合のトラッキングデータが評判です。「MLB.com」の記事によると、フォーシームのスピンレートが非常に高く、「浮き上がってくるような真っすぐ」と好評価。さらにスプリットを使う左投手であることもポイントです。メジャーでは非常に貴重な存在なので、そこがうまくハマるのではないか、という論調でした。

さらに、メジャーではかなり小柄な部類に入る身長１７４センチもミソです。マウンドには傾斜がある分、通常、ボールはリリースポイントから投げ下ろすような軌道を描きます。打者もその軌道に見慣れている。しかし、低いリリースポイントからゾーン高めに速球を投じると、フラットな軌道に近くなるため、打者にとってはボールが落ちてこないように見えます。予想した軌道と異なるボールは、打ちにくい速球になりうるのではないでしょうか。

ＮＰＢとＭＬＢでは配球の考え方が根本から違うと思うので、メジャー用にチューニングしたうえで、高めにどんどん投げていくスタイルにすると空振り三振を量産する投手になるのではと期待しています。

	勝率	被安打	被本塁打	奪三振	与四球	与死球	失点	自責	被打率	QS(%)	防御率	WHIP
	.548	1329	205	1929	522	74	680	648	.221	58.3	3.59	1.14
	.530	1768	251	1918	908	38	993	932	.240	55.7	4.24	1.35
	.629	983	159	991	208	26	476	438	.244	57.8	3.74	1.13
	.500	1254	129	986	292	38	564	505	.249	61.6	3.45	1.17
	.570	740	119	951	248	32	398	377	.228	33.5	3.92	1.14
	.566	721	85	720	387	45	406	391	.242	41.7	4.45	1.40
	.618	825	115	714	185	15	352	336	.247	60.3	3.42	1.14
	.464	639	116	631	238	24	363	332	.260	33.6	4.71	1.38
	.667	348	53	608	173	24	169	161	.200	54.7	3.01	1.08
	.429	1182	140	590	302	34	568	506	.281	48.3	4.26	1.39
	.458	350	60	572	78	4	153	142	.199	50.0	2.66	0.89

	三塁打	本塁打	打点	四球	死球	三振	盗塁	打率	出塁率	長打率	OPS
	96	117	780	647	55	1080	509	.311	.355	.402	.757
	12	175	760	547	21	689	13	.282	.360	.462	.822
	22	33	219	234	48	258	98	.285	.350	.387	.737
	29	171	437	351	16	755	86	.274	.366	.556	.922
	20	32	211	179	11	403	102	.267	.321	.380	.701

日本人メジャーリーガー通算本塁打ランキング

順位	選手名	本塁打
1	松井秀喜	175
2	大谷翔平	171
3	イチロー	117
4	城島健司	48
5	井口資仁	44

日本人メジャーリーガーシーズン本塁打ランキング

順位	選手名	年度	本塁打
1	大谷翔平	2021	46
2	大谷翔平	2023	44
3	大谷翔平	2022	34
4	松井秀喜	2004	31
5	松井秀喜	2009	28

日本人投手通算成績（500奪三振以上）

選手名	年	試合	先発	投球回	勝	敗	完投	完封	
ダルビッシュ有	2012-23	266	266	1624.1	103	85	2	1	
野茂英雄	1995-2008	323	318	1976.1	123	109	16	9	
田中将大	2014-20	174	173	1054.1	78	46	7	4	
黒田博樹	2008-14	212	211	1319.0	79	79	6	5	
前田健太	2016-23	190	155	866.1	65	49	0	0	
松坂大輔	2007-14	158	132	790.1	56	43	1	0	
岩隈久志	2012-17	150	136	883.2	63	39	1	1	
菊池雄星	2019-23	134	122	634.0	32	37	1	1	
大谷翔平	2018-23	86	86	481.2	38	19	1	1	
大家友和	1999-2009	202	178	1070.0	51	68	5	1	
上原浩治	2009-17	436	12	480.2	22	26	81H	95S	

※MLB公式参照。QSは小数第2位を四捨五入

日本人打者通算成績（500安打以上）

選手名	年	試合	打席	打数	得点	安打	二塁打	
イチロー	2001-19	2653	10734	9934	1420	3089	362	
松井秀喜	2003-12	1236	5066	4442	656	1253	249	
青木宣親	2012-17	759	3044	2716	377	774	135	
大谷翔平	2018-23	716	2871	2483	428	681	129	
松井稼頭央	2004-10	630	2555	2302	330	615	124	

※MLB公式参照

藤浪晋太郎投手は誰の目にも投げる球自体がものすごいことは明らかで、あとはどう制御するかが課題でした。幸い、メジャー1球団目が昨年はチーム再建中で、優勝が目標ではないアスレチックスだったため、うまくいかない期間も我慢してもらえた。先発7試合を含む34試合登板で防御率は8・57と散々でしたが、MLBの環境にアジャストする時間を与えてもらえたからこそ、最終的にプレーオフ進出を目指すオリオールズに求められて移籍することができた。シーズン通算では64試合に登板しています。

今年の行き先はメッツ。1年契約ではありますが、結果を残せば実入りも増え、FAとなる2025年はさらによい条件で契約できる。ぜひ活躍してほしい選手の一人です。

日本では「三振しない男」として名を馳せた吉田選手（レッドソックス）は、メジャー1年目の昨年前半戦は打率3割1分6厘と打ちまくりました。大谷選手は異次元の扱いとして、久々に日本人野手が十分に通用する姿を見せてくれたと思っていましたが、後半戦はMLBならではのタフな遠征や日程の影響なのか、数字を落としてしまいました。

今のメジャーリーグでは、吉田選手は守備指標においてマイナスの数値が出てしまうので、総合的な貢献度は契約の5年総額9000万ドル（約130億円）に見合うかどうかは少し微妙かもしれません。MLBの環境に慣れた2年目の今年は、もう一段階上の活躍を期待しています。

メッツの千賀滉大投手は29先発で166・1イニングを投げ、12勝7敗、リーグ2位の防御率2・98。最高の1年目を過ごしたと思います。序盤は少し荒れたマウンドもありましたが、落差の大きいフォークボール「お化けフォーク」を武器に、ともにサイ・ヤング賞3度のバーランダー、シャーザーを差し置いて「メッツのエース」の座に就いた。

ナ・リーグのなかでも随一の投手ですし、これだけ活躍できるなら、もっと早くメジャーで見たかったなと思ったり……。日本人投手の歴代でもインパクトのあるルーキーイヤーだったと思います。もしかしたら、大谷選手よりも先にサイ・ヤング賞を獲得する日本人投手は千賀投手かもしれません。

菊池雄星投手は、ようやく本来の実力を発揮できる時期が来たように思います。2019年に埼玉西武ライオンズからマリナーズ入りも、結果を出せずに2022年からブルージェイズへ。その移籍1年目は20先発を含む32試合登板で防御率は5・19と散々なシーズンを過ごしました。

しかし、2023年は光明が差します。前半戦は防御率4・24でしたが、後半戦は14先発で防御率3・39。シーズンでは11勝、181奪三振、防御率3・86とメジャー5年目でキャリアハイの数字を残しました。

監督からの信頼がイマイチなのか、4~5回くらいでスパッと代えられてしまうのが気がかりですが、今年は信頼を勝ち取ってもう少し長いイニングで使ってもらえるようになってほしい。ブルージェイズはプレーオフを狙えるチームだと思うので、今年のプレーオフで輝くことを願っています。

前田健太投手はトミー・ジョン手術明けでまだまだ本調子ではありませんでしたが、それでもゲームメイクできていたのはさすがです。メジャーリーグのなかでは遅い部類の球速91マイル（約146・5キロ）前後でも、多彩な変化球を駆使したり、抜群の制球力を生かしたりして球速以外の部分で十分勝負できることを証明してくれたと思います。
今年で36歳というベテランですが、ツインズから2024年はタイガースへ移籍しました。2年総額2400万ドル（約35億円）という、メジャー9年目にして好条件の契約を獲得。引き出しの多い投球術が評価されたわけです。

ダルビッシュ投手（パドレス）はサイ・ヤング賞投票で得票のある活躍を見せた2022年を考えると、昨年はケガもあってうまくいかないことも多かったシーズンだったと思います。それでも、常に先発ローテーションで上位クラスのピッチングが期待できる。三振も奪えるし、変化球も多彩ですし、投球の引き出しが非常に多い。年齢を重ねて球速が落ちたとしても、先発の3番手ぐらいとしては計算できる。チームにとって心強い存在です。

昨年の鈴木誠也選手（カブス）は6月以降苦しみましたが、シーズン終盤に猛然と復調して打率2割8分5厘（リーグ9位）、20本塁打、74打点、OPS・842（リーグ15位）、rWARは2・8と**前年よりも打撃成績がおしなべてアップ**しました。

ポジション別に打撃が優れた選手を称える賞「**シルバースラッガー賞**」のファイナリス**トにも選出**されています。MLBの環境にアジャストすれば、2年目はこれくらいのジャンプが吉田選手にも期待できるのではと感じています。

日本で活躍した選手が、そのままメジャーで結果を出している。**フィジカルが徐々に追いついてきた**ことも理由かもしれません。WBCの優勝をきっかけに、試合のテレビ中継やSNSでメジャーリーグに触れる機会が多くなったことで、日本人とメジャーリーグの距離がかなり縮まりました。日本では少子化が進む今、絶対数がどれくらい増えるのかは未知数ですが、野球人気が一段加速するフェーズはあると期待しています。

第四章

メジャーリーグの見方

移籍市場

百花繚乱のストーブリーグ 名門ヤンキースがソト獲得

２０２４年シーズンに向けた選手市場では、大谷選手と並んで通算１６０本塁打のファン・ソトの動向も目玉でした。大谷選手の天文学的巨額契約で金銭感覚が少しマヒしている感もありますが、おさえておきたい「ソトの移籍」を軸にご紹介します。

ソトは２０１８年にナショナルズでデビューし、２０２２年途中からパドレスへ移籍。メジャー６年間で通算打率２割８分４厘、１６０本塁打、４８３打点、ＯＰＳ・９４６。シルバースラッガー賞4度受賞、オールスターには3度選出された強打を誇る外野手です。

昨年は全１６２試合に出場して35本塁打、「ｗＲＣ＋」は１５５。２０１８年のメジャーデビュー以降、「ｗＲＣ＋」が１４０を下回ったシーズンはなく、打撃の安定感に優れ、大きな故障もなく計算できる選手です。しかし、2024年オフにFAを控え、ペイロールの削減に取り組むパドレスとしては、このオフの放出は規定路線でした。

早々と移籍先候補に挙がったヤンキースとは、交渉が一旦中断したといいます。理由は、パドレスがソトの代わりに獲得を希望した選手がヤンキースにとって痛みを伴うものだったからと思われます。

パドレスが提案したと報道されているパッケージは、ヤンキースで昨年途中から先発に転向して防御率2・23と好投したマイケル・キング、同年にマイナーで最優秀投手プロスペクトを受賞したドリュー・ソープを中心とした8選手。12月上旬のウインターミーティングに入って交渉を再開したそうですが、ヤンキースとしてはキングとソープの有望な2人の同時放出はすぐには受け入れ難かったでしょう。

ヤンキースとしては、打線強化がこのオフの命題でした。2022年オフ、同年MVPのジャッジと9年総額3億6000万ドル（約522億円）の超大型契約を結びました。さらに、先発市場の注目選手だった左腕カルロス・ロドンとも大型契約を結び、数年以内の世界一奪還を意識していました。

しかし、故障者が続出して昨年はかろうじて勝率5割を上回り、屈辱の地区4位。ブライアン・キャッシュマンGMも大きな危機感を抱いたことでしょう。打撃指標「wRC+」をみると、ヤンキースの94はMLB全体で19位。ジャッジ個人は「wRC+」174。ジャッジ以外で今季100打席以上立った外野手の「wRC+」合計は74。ジャッジと「ジャッジ以外の選手」の差が顕著に表れたのです。

のどから手が出るほど欲しい長距離砲。最終的にはソトというスペシャルな選手を獲得するために決断し、今回の大規模なトレードが実現しました。このトレードにより、ヤンキースは念願のソトに加え、中堅守備に定評のあるトレント・グリシャムの2選手を獲得。一方、パドレスは見返りとしてキング、ソープに加え、昨年メジャーデビューを果たしたランディ・バスケス、ジョニー・ブリトーの4投手と、日系人捕手のカイル・ヒガシオカの合計5選手を獲得しました。ヤンキースとしては大出血サービス、2024年の世界一に向けて大勝負をかけてきましたね。

昨年9月11日のドジャース戦で3ランを放ったソト。今季から移籍したヤンキースではジャッジと強力な中軸コンビを組む

ジャッジとソトという強力な中軸で打線を形成する。とはいえ、「めでたし、めでたし」とは言い切れない。投手陣のデプスはかなり削られ、先発では昨年サイ・ヤング賞のコール以外は故障や不調、そしてFA。故障明けの投手のパフォーマンスが戻るかは不透明。2年契約でマーカス・ストローマンを獲得して先発陣強化に動きましたが、彼も近年故障離脱しており不透明な部分が多い。それだけに、先発ローテーションの一翼を担うはずだったキングら4投手の放出は痛いわけで、危ない橋を渡っている印象はあります。

ほかの大きな話題は、ツインズからFAになっていた通算98勝右腕ソニー・グレイのカージナルス移籍です。3年総額7500万ドル（約109億円）、サイ・ヤング賞投票で2位となった先発投手の獲得はビッグニュースでした。

グレイは今年で35歳になりますが、昨年はツインズ先発陣の中核を担いました。32先発で防御率2・79。「Baseball Reference」算出のWAR5・3は投手の中で、ア・リーグではサイ・ヤング賞右腕コールに続く2位、MLB全投手でも4位。守備に影響される要素を除いた投手指標「FIP」の2・83に至っては、規定投球回をクリアしたMLB全投手でトップという抜群の成績を挙げました。

武器は昨年から大幅に多投したスイーパー。球種割合では2022年の10・3%から20・4%に倍増。フォーシームに次ぐ割合です。しかも、このスイーパーが打たれない。これまでは左打者に対してはほぼ速球系とカーブのツーピッチでしたが、スイーパーを効果的に使い、ベテランが大きく進化しました。

名門カージナルスには大枚を払ってでも、グレイを獲得したい理由がありました。昨年は前年93勝69敗で地区優勝したにもかかわらず、**33年ぶりの地区最下位。**勝ち越しは15年連続でストップし、5年ぶりにプレーオフ進出も逃した。**チームの先発防御率5・08はMLB全体の26位**で、先発陣の崩壊は最下位の要因でもありました。

そこで、このオフは先発陣のテコ入れに動いたわけです。今年で37歳になるベテランのリンを7年ぶりに呼び戻し、毎年安定してイニングを計算できる右腕カイル・ギブソンをそれぞれ1年契約で獲得。11月にはグレイの獲得が決まり、これで昨季はリーグ最多の35先発をまっとうしたマイルズ・マイコラス、スティーブン・マッツと合わせて少々ベテラン色は強いものの、イニングの計算は立つ先発5枚がそろった格好です。

海外選手では、〝**韓国のイチロー**〟と呼ばれる李政厚《イジョンフ》がポスティング・システムを利用し、ジャイアンツと6年総額1億1300万ドル（約164億円）で契約しました。**父の李鍾《イジョン》範《ボム》は1998～2001年途中まで中日ドラゴンズでプレー**した5ツール・プレーヤーで、息子の李政厚は愛知・名古屋生まれです。

李政厚はキウム・ヒーローズで2021年に打率3割6分で首位打者を獲得し、同タイトルでは韓国プロ野球史上初の親子獲得という記録をつくりました。2022年にも2年連続首位打者、打点王、シーズンMVP。またアジアからメジャーリーガーのスターが誕生する予感です。

ほかにも、**トレードの噂が絶えなかったブルワーズのエース、コービン・バーンズがオリオールズへ移籍**しました。2021年にサイ・ヤング賞を受賞し、翌2022年は12勝、昨年は10勝を挙げ、3年連続で2桁勝利をマーク。その3年間のrWAR12・8はMLB全先発投手のうち7位です。2024年オフにFAを迎えることからトレードの対象になりそうだとにらんでいましたが、やはりそうでしたね。オリオールズは昨年、右腕カイル・ブラディッシュが先発として大ブレークし、トッププロスペクトのグレイソン・ロドリゲスも後半戦以降はすばらしいピッチングを見せましたが、**チームとしては実績のあるエースを長年求めていました。**その条件に見事当てはまるバーンズが加入したので、これでオリオールズの先発陣が大幅にアップグレードされました。

このオフは、大谷選手のドジャース入りが決まってから次々と動き出した感がありましたね。大谷選手の契約総額が異次元過ぎて、スター選手たちが数十億円契約を結んでも冷静に受け入れそうになるオフでした（笑）。

今年は、トレードでヤンキース入りしたばかりのソトがFAを迎えます。今回の大谷選手ほどではないにせよ、5億ドル規模の契約をめぐる最大の目玉となるでしょう。「オフにFAとなる大物選手」をチェックしながら観戦すると、より興味が増すと思います。

2024年の冬はどんな冬となるのでしょうね。今から楽しみです。

2024年
注目選手

MLBの「ドラ1」はおさえるべし 大谷のライバルは昨季ナ本塁打王

2024年の見どころはもちろん、ドジャース移籍1年目となる大谷選手。その才能を、その全盛期を見られるうちにしっかり見ておいたほうがいいです。これは間違いない。

さらに、「見ないと損」とお勧めできる選手たちをご紹介します。

まずは**レンジャーズ期待のトッププロスペクト、エバン・カーター**です。昨年9月のMLB初昇格からすぐに打撃でインパクトを残しました。9月に昇格して23試合出場、打率3割6厘、5本塁打、OPS1・058。短期間にもかかわらず、rWARは1・6を叩き出し、首位から陥落して苦しい終盤を過ごしていたチームに光明をもたらします。プレーオフではブルース・ボウチー監督から3番で起用されるなどチームの中心に据えられ、大活躍を見せて世界一に大きく貢献しました。5ツール・プレーヤーのポテンシャルを持っており、今年はフルシーズンでの活躍が楽しみです。

ロイヤルズの先発左腕コール・レイガンズにも注目です。〝人類最速左腕〟チャプマンとのトレードで昨夏にレンジャーズから移籍してきました。2016年ドラフト1巡目(全体30位)指名ですが、2度のトミー・ジョン手術と新型コロナ感染拡大によるマイナーリーグ中止の影響でメジャーデビューは2022年。しかし、昨年から球速が大幅にアップし、**左腕で99マイル(約159・3キロ)を投げる**までになりました。

ロイヤルズ移籍後は球速を維持したままコントロールが安定し、メジャーの打者を圧倒するピッチングで快進撃。昨年は移籍前が17試合登板(先発なし)で24・1イニング、防御率5・92でしたが、移籍後は12試合登板はいずれも先発、71・2イニングで防御率2・64、K%は支配的なピッチングをしていたといえる31・1%と格段に飛躍したのです。

トレード後に初先発した時点でいきなり5回1失点にまとめ、3先発目の8月7日のレッドソックス戦で7回途中11奪三振。「あれ、こんなすごい投手だったっけ?」と感じたものです。8月下旬からは先発ローテーションに定着し、後半戦はMLB全先発の中でも屈指のパフォーマンスでしたから、今年がブレークイヤーとなってもおかしくない。

2022年ドラフト全体1位指名のジャクソン・ホリデー（オリオールズ）は、今年がメジャーデビューの年になりそうです。高卒でドラフト全体1位指名ですし、父は2007年に首位打者、打点王の二冠を獲得し、メジャーで15年間にわたって活躍した**マット・ホリデー**。もう期待しかないですよね。

高卒でプロ入りしてマイナーでいきなり活躍する選手は少ないですが、ホリデーはすでに**ダブルAまで無双状態**です。昨年はシングルAで14試合に出場していきなり打率3割9分6厘。すぐに次のハイAに昇格すると、そこでも平然と打率3割超。ダブルAに上がっても3割3分8厘。もうトリプルAに昇格しました。**高卒1年目でこれだけ打つ選手は非常に稀**で、ほかに例が思いつかないくらい少ない。

最近はパワーも少しついてきました。マイナーの試合の映像を見ると、高さだけはある内野フライのような打球が上がった……と思ったら、スタンドまで届いたんです。これか

昨年５月、ハイＡの試合に出場したジャクソン・ホリデー。大器の片りんを感じさせるスイングを見せていた

ら体も大きくなりますし、3割・20本を打つ選手になっていくのでしょう。2023年のMLB№1プロスペクト。指折りのヒットツールをMLBで見ることができる日が待ち遠しい。

昨年ドラフト全体1位指名はポール・スキンズ（パイレーツ）。ルイジアナ州立大学のエースとして活躍していた当時の試合映像を数試合見たところ、「本当に大学生の先発投手なのか？」と驚くほどの完成度でした。プロスペクト投手の学生時代の試合映像を見て、ここ5年間で「これはヤバイ」と思った選手は彼だけです。

しかも、プロ入り前に二刀流選手でもありました。大谷選手のような投打二刀流ではなく、投手と捕手の兼務です。空軍士官学校からルイジアナ州立大学に編入し、そこでの指導がマッチしたのか投手一本に絞ったら、とんでもない〝化け物〟だったわけです。

最近のトレンドに沿ったピッチングをする投手で、低いリリースポイントからストライクゾーン高めに、フラットな軌道に近いフォーシームを投げてきます。打者からすると回転数がそこまでなかったとしても、フラットな軌道、もしくは浮き上がってくるような軌道で速球が来るように見える。そのボールが102マイル（約164・1キロ）です（笑）。そこに空振りを奪えるスライダーも織り交ぜてきます。

ドラフト市場では、2009年ドラフトで当時アマチュアNo.1といわれたスティーブン・ストラスバーグ以来となる投手最高の逸材と言われるほどでした。素質はエース級、今年のメジャーデビューでインパクトを残すことを期待しています。

昨年ナ・リーグ新人王のコービン・キャロル（ダイヤモンドバックス）も、さらなる大ブレークに期待です。5ツール・プレーヤーでありつつ、ダイナミックなプレーが魅力。メジャー2年目の昨年は、MLBの新人王対象選手として史上初の「25本塁打・50盗塁」を記録しました。

足が抜群に速い。もうそこまで行ったのかと思うぐらい足が回るので、見ている側をワクワクさせてくれます。昨年はすでにMVP投票5位。すべてのツールがハイレベルで、総合的な貢献度も高い。今後もMVPレースにからんでくるでしょう。

投手では、昨年最多勝・最多奪三振のストライダー（ブレーブス）のサイ・ヤング賞受賞なるか。昨年はイニング数と三振の差が100近くあるという、リリーフ投手のような勢いで三振の山を築きました。意外にも防御率3・86と失点がかさみましたが、サイ・ヤング賞投票でも4位なので、もう少しで手に届く範囲に来そうです。

大谷選手と本塁打王を争うライバル最右翼は、ブレーブスのオルソンだと思います。昨年は大谷選手が44本塁打でア・リーグ本塁打王、オルソンは54本塁打でナ・リーグの本塁打王。大谷選手のキャリアハイである46本塁打と比べても、8本も多い。今年は同じナ・リーグですので、強力なライバルになってくると思います。

ほかにも、ナ・リーグには本塁打一辺倒のカイル・シュワーバー（フィリーズ）もいます。昨年は47本塁打。打率は低い変わった選手ですが、本塁打を打つ才能はピカイチです。ルーキーイヤーの2019年は53本塁打、昨年リーグ3位の46本塁打をマークしたピート・アロンソ（メッツ）は過去5シーズンのうち短縮シーズンの2020年を除く4シーズン37本塁打以上を放っています。

昨年のナ・リーグには40本塁打以上が5選手いました。大谷選手も史上初の「異なるリーグで2年連続本塁打王」を実現するには、45本以上は打つ必要があるでしょう。

今年は大谷選手が移籍したナ・リーグの試合を見始める方もいると思いますが、ア・リーグきっての名打者ジャッジはおさえてほしいところです。身長2メートル1のガタイで、打撃では体格を存分に生かして、どこまでも飛ばせそうなぐらいのパワーがある。しかも、中堅手としてもめちゃめちゃ動ける。たとえて言うなら、身長2メートル9のジャイアント馬場さんがバンバン打って、バンバン走っているイメージです。

三振数が多いところが難点ですが、通算打率は2割8分2厘と現代では高め。三振が増えれば増えるほどインプレーが減るため、運の要素も減ってアベレージが低くなりやすいのですが、ジャッジは打球速度がずば抜けているため飛ばしさえすればヒットになりやすいことも高打率の要因。現代の野球においては不思議な選手であります。

ジャッジは「神」レベルのスラッガー。たまにケガをするところで「人間だった」と気づくほどですが、メジャーリーグで投打ともにトップレベルの二刀流をやってのけた大谷選手はその上をいくイメージです。

メジャーリーグ
全30球団マップ
トロント・ブルージェイズ
クリーブランド・
ガーディアンズ
デトロイト・タイガース
ミネソタ・
ツインズ
ミルウォーキー・
ブルワーズ
シカゴ・カブス
シカゴ・
ホワイトソックス
カンザスシティ・
ロイヤルズ
シンシナティ・レッズ
セントルイス・
カージナルス
ボストン・
レッドソックス
ニューヨーク・
ヤンキース
ニューヨーク・
メッツ
ボルティモア・
オリオールズ
ワシントン・
ナショナルズ
フィラデルフィア・
フィリーズ
ピッツバーグ・
パイレーツ
アトランタ・ブレーブス
テキサス・レンジャーズ
ヒューストン・アストロズ
マイアミ・マーリンズ
タンパベイ・レイズ

シアトル・マリナーズ
サンフランシスコ・ジャイアンツ
オークランド・アスレチックス
コロラド・ロッキーズ
ロサンゼルス・ドジャース
ロサンゼルス・エンゼルス
アリゾナ・ダイヤモンドバックス
サンディエゴ・パドレス
…アメリカン・リーグ
…ナショナル・リーグ
…西地区
…中地区
…東地区

優勝予想

2024年の覇者は誰だ!? 各地区からPO・WSまで徹底予想

■ア・リーグ東地区

激戦ですね。この地区の予想が一番難しいです。

昨年は最終的にオリオールズが100勝を超えましたが、昨年の得失点差を考えるとやや出来過ぎだったようにも思います。とはいえ若い選手が多いですし、今年もMLB№1プロスペクトのジャクソン・ホリデーがメジャーに昇格して新たな風を吹かせるでしょう。2021年サイ・ヤング賞右腕バーンズを待望のエースとして先発陣に加えたことを踏まえると、2年連続地区優勝もなくはない。ただし、個人的には過去5年で2位以上が4度という一番ブレが少ないチーム、昨季2位のレイズを推します。

名門ヤンキースは強打者ソトを獲得しましたが、主力選手の故障離脱が懸念され、とくに投手陣が読めない。昨年サイ・ヤング賞のコールは当然エースとして活躍するとしても、ほかの先発陣がどれだけ投げられるのかが未知数です。勝率5割そこそこで4位に沈んだ昨年よりは勝つとは思いますが、昨年のように主力選手に故障者が相次ぐならば疑問符はつくと思います。

近年は毎シーズンのように上位をうかがうブルージェイズは、私のYouTubeチャンネルでここ2年ほど地区優勝の予想をしてきました。ロースターは強いように見えるのですが、昨年の課題である攻撃力の補強ができたとは言い難いし、主力のFAが近づいてチームのタイムリミットが迫っています。

レッドソックスは2018年に9度目のワールドシリーズ優勝を果たして以来、低迷期に入ったように思います。2021年こそリーグ優勝決定シリーズに進出しましたが、ここ4年で最下位3度。2000年代のワールドシリーズは4度制覇していますが、今年のレッドソックスも既出の同地区4球団と比較すると物足りなさを感じてしまいます。

■ア・リーグ中地区

もともと抜群に突き抜けたチームがいない地区です。昨年はツインズが地区を制しましたが、ほか4球団はすべて勝率5割未満でした。

そのツインズは放映権収益が不透明になったこともあってペイロールを削る方針になりました。引き続きこの地区では優勝候補となる戦力を有しますが、先発陣ではＦＡでソニー・グレイ、前田投手が移籍。年俸が高い選手をもっと減らすとなると、より地区優勝の行方がわからなくなりました。

その前田投手が加入したタイガースは、オリオールズからＦＡとなっていた先発右腕ジャック・フラーティを獲得するなど補強に余念がありません。スペンサー・トーケルソン、ライリー・グリーン、ケリー・カーペンター、デビュー前にもかかわらず長期契約を結んだコルト・キースら若手野手陣、投手陣では昨年途中ケガから復帰し、エース級の投球を見せたタリク・スクーバル、故障明けの元ドラフト全体1位指名ケイシー・マイズといった楽しみな選手も多く、ダークホースになりそう。

加えて、２０２３年は１０６敗で借金50という圧倒的最下位のロイヤルズも続々とＦＡ

選手を獲得しました。投手では3年連続60試合以上登板のリリーフ左腕ウィル・スミス（レンジャーズＦＡ）、先発では右腕セス・ルーゴ、昨年防御率3・22のマイケル・ワカ（ともにパドレスＦＡ）、野手では通算177本塁打のハンター・レンフロー（レッズＦＡ）を獲得。昨年は全30球団のなかでワースト2位の勝率3割4分6厘。数年後の勝利を目標にチーム再建に専念すると思いきや、今年のチャンスをうかがっているようです。

ガーディアンズも相変わらず資金が少ない球団ですが、伝統的に投手力がウリで若手の育成に定評があります。昨年も先発陣の主力に負傷者が続いたなかで、その穴を埋める若手投手が出てくるなど予想していないことを起こしてくれます。過去8年間で4度の地区優勝。ナメていると優勝してくる、みたいなことが起こりうるチームです。

昨年4位のホワイトソックスは、同年ＭＶＰ投票12位のルイス・ロバートJr.を筆頭に光る選手はいるものの、終盤にリーダー不在が表面化。チームとしてまとまりに欠けています。クリス・ゲッツ新ＧＭのもとでチームを立て直していますが、エースのディラン・シースのトレードも噂され、今年はこの地区においてまだ弱いかもしれません。

■ア・リーグ西地区

すべてはアストロズ次第です。2017年以降の7シーズンのうち2度3連覇。2017、2022年にワールドシリーズを制するなど長期間にわたって強さをキープしています。盤石な野手陣がいますので、引き続き地区優勝の筆頭候補でしょう。

レンジャーズも昨年ワールドシリーズで球団63年目にして初制覇しました。ワイルドカードからの世界一。私はまさか世界一になるとは思ってもみませんでした。

リーグ優勝決定シリーズでは、地区優勝を献上したアストロズを4勝3敗で撃破。プレーオフでは敵地開催の試合をすべて勝ち抜き、MLB新記録のプレーオフ敵地11連勝を飾っています。アストロズが不調となればレンジャーズ優位、アストロズ好調ならばレンジャーズと2強の争いになるでしょう。

私が愛するマリナーズも投手陣が強く、今年もぼちぼちは戦えるとは思っていますが、2強のような強力打線ではないところが弱点。限られた予算のなかで強打の捕手ミッチ・ガーバーや通算112発のホルヘ・ポランコらを獲得して打線を補強しましたが、戦力的に上位2チームよりは少し落ちてしまうかなと思います。

プレーオフのトーナメント

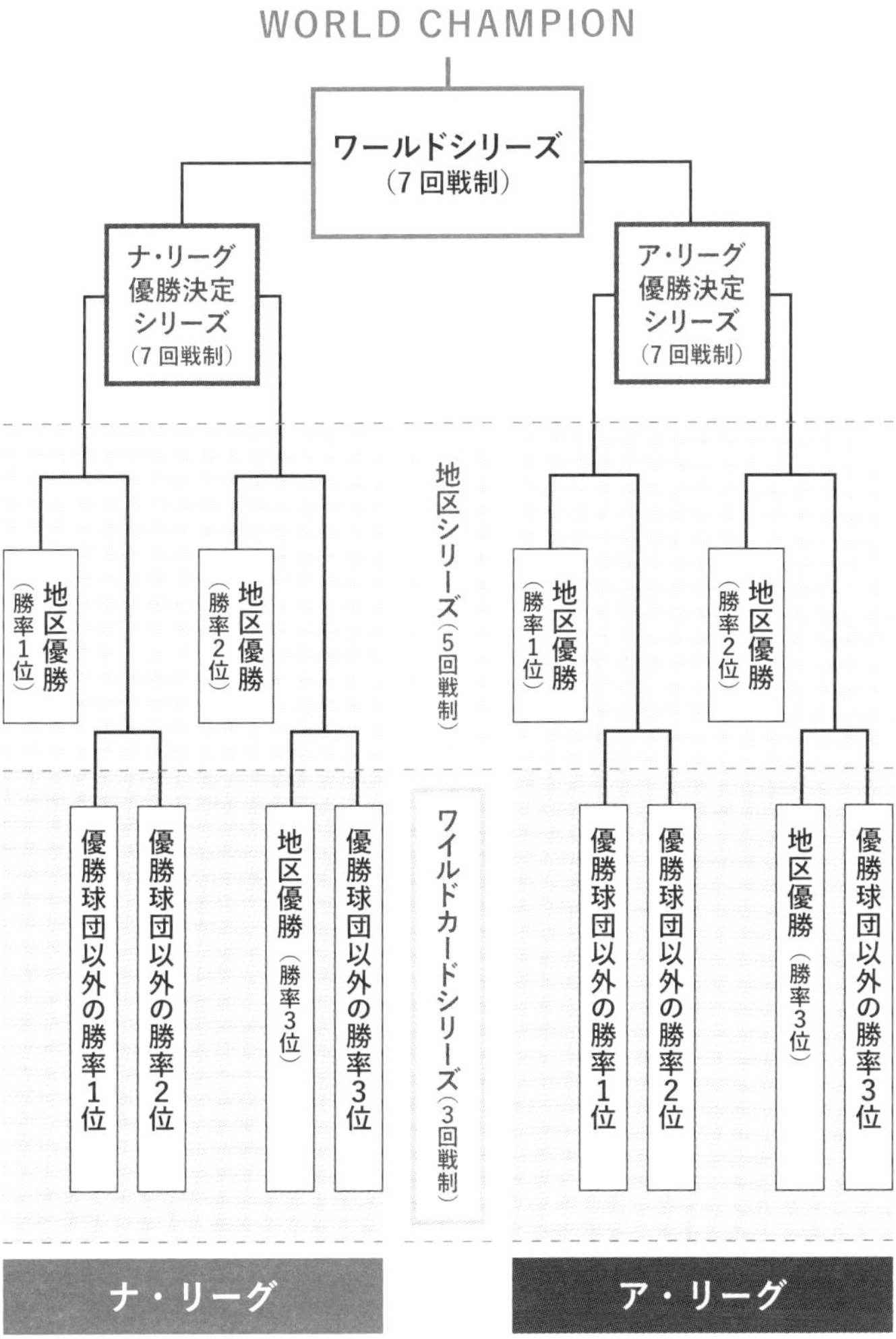
WORLD CHAMPION
ワールドシリーズ（7回戦制）
ナ・リーグ優勝決定シリーズ（7回戦制）
ア・リーグ優勝決定シリーズ（7回戦制）
地区シリーズ（5回戦制）
地区優勝（勝率1位）
地区優勝（勝率2位）
地区優勝（勝率1位）
地区優勝（勝率2位）
ワイルドカードシリーズ（3回戦制）
優勝球団以外の勝率1位
優勝球団以外の勝率2位
地区優勝（勝率3位）
優勝球団以外の勝率3位
優勝球団以外の勝率1位
優勝球団以外の勝率2位
地区優勝（勝率3位）
優勝球団以外の勝率3位
ナ・リーグ
ア・リーグ

大谷選手が抜けたエンゼルスにも注目です。大谷選手がドジャースへ移籍したため「エース」と「強打者」がいっぺんにいなくなりました。

昨年の途中から若手選手にマイナーでの経験をほとんど積ませずに、どんどんメジャーへ昇格させ、〝学徒出陣〟状態になっていました。編成の苦しさを感じるところです。MVP3度受賞で〝現役最高の選手〟トラウトはいますが、**組織として層が薄いため上位を食えるかは疑問**です。

昨年の**アスレチックス**はかわいそうでした。50勝112敗、勝率は全30球団でワーストの3割9厘。予想としては問答無用の最下位です。

オーナー側にお金はあるんです。球団経営はすごくもうかることらしいのですが、チームの中身にはすごくケチで……。2028年には本拠地のラスベガス移転が決まりましたが、もともとのファンは反対しています。明るい話題がない球団になってしまいました。

■ア・リーグのポストシーズン

「MLB21世紀初のワールドシリーズ連覇なるか」が見どころです。21世紀初ということはそれほど難易度が高いわけですが、レンジャーズは豪華な野手陣に加え、今夏には先発にジェイコブ・デグロム、シャーザー、タイラー・マーリーの3人が一気にローテーションに加わる。チームに勢いがつくでしょうし、連覇できる戦力はそろっていると考えます。

同じ西地区で、かつ7年連続リーグ優勝決定シリーズ進出中のアストロズには絶対的実績がある。東地区からもリーグ優勝を予想したいですが、昨年プレーオフで全敗となると……。

■ナ・リーグ東地区

ブレーブスが突き抜けている構図は変わらないと思います。昨年MLBシーズンタイ記録のチーム307本塁打を放った強力打線の中心選手がほぼ残ることに加え、課題の先発陣にはレッドソックスから奪三振王2度のクリス・セールを獲得。引き続き地区内では脅威の存在です。

フィリーズはブライス・ハーパーやザック・ウィーラーといったスター選手たちの「個の力」がとくに光るチーム。ここ2年間のプレーオフでは地区内で突き抜けているブレーブスを破ったりもしているので、全くもって油断ならないチームだとは思います。

マーリンズは資金が豊富ではありませんが、投手陣は潤沢です。打線は昨年36本塁打のスラッガー、ホルヘ・ソレアがFAになりました。プレーオフ争いはすると思いますが、上位2球団を上回るかといえば「うーん」という感じです。

昨年は地区4位に沈んだメッツは、1〜2年後にコンテンダーになることを目標にチーム再建中です。通算214勝のシャーザーとサイ・ヤング賞3度のバーランダーの両右腕をトレードに出し、このオフは山本投手（ドジャース）の獲得戦線には参加したようですが、逃してしまいました。今年は大物選手を次々と連れてくるよりも、若手の育成に励むシーズンになりそう。

2019年に球団史上初めてワールドシリーズを制したナショナルズも、チーム状況は似ています。昨年はCJ・エイブラムスやレーン・トーマスを筆頭に若手の活躍もありましたが、課題も多い。そこが解決するまでは時間が必要だと思います。

■ナ・リーグ中地区

この地区も、ア・リーグ中地区同様に難しい。2018、2021、そして昨年に地区優勝したブルワーズもペイロールを圧縮気味ですし、それでカブスのほうが上がるかといえば、そうとも言い切れない。

ここはレッズを推したいですね。MLBでも有数のキラキラした若手内野手が数多くいるチームです。カブスをFAとなった三塁手ジェイマー・カンデラリオがこのオフに加入しましたから、今夏のトレードデッドラインまでに余った内野手を使って課題の投手陣を補強するかもしれません。投手陣さえ整えば、この地区をレッズが食ってもおかしくはないと思います。

パイレーツは昨季序盤に首位に立つなどロケットスタートを決めましたが、結果的に4位で〝定位置〟に収まってしまいました。でも、今年はドラフト全体1位のポール・スキンズがメジャーデビューするでしょうし、昨年は4月に左足首を骨折して9試合出場にとどまった遊撃手オニール・クルーズがシーズンをまっとうできたら面白い存在になりそう。

名門カージナルスが昨年は最下位。これが、意味がわからないんですよ。2022年は地区優勝、**ロースターの編成は**――とくに野手陣が本調子なら――**地区内随一**です。ただし、昨年は投手陣が崩壊したことが響きました。このオフはソニー・グレイ、リン、ギブソンらを獲得して対処してきましたが、グレイがエースでは少々物足りなさも否めないところです。

■ナ・リーグ西地区

ドジャース・大谷選手が所属するナ・リーグ西地区は、もう**ドジャースが大本命**です。もともと11年連続プレーオフに進出しているうえに、大谷選手、山本投手が加入して投打充実。手術明けの通算210勝左腕カーショウがFAとなりましたが再契約。強打者ヘルナンデスを打線に加えたりと、これでもかというくらいチームを強化してきました。「**地区優勝できなければ大失敗**」くらいの**ロースター**編成となっている印象です。

敗れはしたものの昨年ワールドシリーズに進出したダイヤモンドバックス。相手のレンジャーズ同様、「ワイルドカード対決」でした。**ドジャースをおびやかすとしたら、ダイヤモンドバックス**でしょう。

昨年新人王の外野手キャロルを筆頭に、若い才能にあふれています。ワールドシリーズに出場した効果かどうかは不明ですが、このオフの補強にもオーナー側からゴーサインが出たようで、先発では昨年サイ・ヤング賞投票3位の右腕ザック・ギャレン、2年連続2桁勝利中の右腕メリル・ケリーのダブルエースに次ぐ存在がなかなかいなかったのですが、安定した成績を挙げているベテラン左腕エデュアルド・ロドリゲス（タイガースＦＡ）を獲得しました。打線ではＦＡとなったルルデス・グリエルJr.と再契約し、左の長距離砲ジョク・ピーダーソンとも契約。課題の三塁手にはトレードで通算２４６本塁打のエウヘニオ・スアレスを獲得し、チームの底上げを図れたことで、楽しみなチームです。

昨年地区3位だったパドレスは、ペイロールの圧縮に苦しんでいます。トレードによる強打者ソトのヤンキース放出は好条件ですしＯＫだと思いますが、最期にチームの世界一を見たいというピーター・サイドラー・オーナーの意思で、ここ数年は背伸びをしての経営でした。昨年11月に亡くなった今、身の丈に合うようにペイロールを削る必要に迫られたのです。

先発にはもちろんマスグローブ、ダルビッシュ投手はいますが、先発の4、5枚目が心もとない。現状なら地区では3位以下が濃厚で、よければ2位という予想です。

ロッキーズは……最下位でしょうね。若手のプロスペクトは着実に増えていますし、悲観するほどの戦力ではありませんが、ナ・リーグ西地区はドジャースが支配し、ダイヤモンドバックスは成長が著しく、ジャイアンツ、パドレスもベテランはそろっている。そんな勢力図なので、ロッキーズはまだチーム再建に注力する時期だと思います。

昨年地区4位のジャイアンツは、この地区ではやや地味な立ち位置。とても不憫なんです。2022年のオフはジャッジ、コレアの獲得に失敗し、このオフは大谷選手、山本投手の獲得もならず、ずっとスター選手にフラれ続けてきました。明るい話題としては、このオフに〝韓国のイチロー〟李政厚が加入。ようやく念願成就した格好です。

■ナ・リーグのポストシーズン

ナ・リーグのポストシーズン予想も「ドジャース！」と言いたいところなのですが、11年連続進出のうちワールドシリーズ制覇は2020年の1度だけ。大谷選手、山本投手が入って変わる可能性は大きいですが、短期決戦はやはりわからない。

純粋にチームの実力を踏まえれば、リーグ優勝もドジャースです。もしくはブレーブスになると思いますが、スター軍団・フィリーズのほうがポストシーズンで本来の実力をしっかり発揮できている印象もあります。

あとはレッズが昨年のダイヤモンドバックスのような駆け上がり方をしてもおかしくはない。プレーオフならではの不確定要素を考えると、レッズも可能性はあるかも。

大谷選手は昨年までエンゼルスではチーム状況が思わしくないことから、自分の活躍がチームの勝利に直結するとも限りませんでした。しかし、今年はドジャース移籍でそれが変わる可能性があります。昨年WBC準決勝メキシコ戦で9回ビハインドの場面で二塁打を放ち、ベース上で叫んでチームの士気を変えた。ああいうシーンがもっと見られるのではないか。これはワクワクしますよね。

シーズンの先には、大谷選手がメジャーリーグでまだ到達したことがないプレーオフの舞台がある。プレーオフでは勝ち切れていないドジャースに、大谷選手がどんな貢献をしていくのか。これは山本投手も同じように楽しみです。

そして、大谷選手が所属するナ・リーグの試合を見る機会も増えると思います。大谷選手が新たな相手と対戦することも楽しめますし、昨年までア・リーグを見ていたときとはまた違うスター選手たちが山のようにいます。大谷選手とともに、魅力あふれる選手、そしてメジャーリーグそのものを楽しんでいただき、日本により多くのメジャーリーグファンが増えるなら、私も本望です。

今年２月のスプリングトレーニングで快音を響かせる大谷。ドジャースへ移籍した今季はプレーオフの舞台での活躍が期待される

監修者プロフィール

116 Wins

チャンネル登録者数5万人超の人気野球系 YouTube チャンネル「116 Wins」の運営を日々行う。MLB の最新の動向や特徴的な選手、珍記録など MLB にまつわるさまざまな情報を発信して人気を集めている。幼少期からシアトル・マリナーズを熱狂的に応援しており、その影響で関連の動画が多め。2022 年にマリナーズが 21 年ぶりのプレーオフ進出を決めた瞬間には YouTube 配信で号泣した。
https://youtube.com/@116Wins

STAFF

表紙・本文デザイン・DTP／平田治久（ノーボ）
構成／丸井乙生（アンサンヒーロー）

メジャーリーグは知れば知るほど面白い
人気野球 YouTuber が教える MLB 観戦ガイド

2024 年 3 月 25 日　初版第 1 刷発行

監　修　　116 Wins
発行者　　角竹輝紀
発行所　　株式会社マイナビ出版
〒 101-0003
東京都千代田区一ツ橋 2-6-3
一ツ橋ビル 2F
0480-38-6872（注文専用ダイヤル）
03-3556-2731（販売部）
03-3556-2735（編集部）
URL：https://book.mynavi.jp
印刷・製本　シナノ印刷株式会社

ISB978-4-8399-8576-9
Printed in Japan